中公文庫

# 漢字百話

白川　静

中央公論新社

# 漢字百話目次

# 漢字百話

収録した文字資料のうち、無印は篆文・古文、◉印は甲骨文、
◎印は金文、○印はその他の文字であることを示す。

# Ⅰ　記号の体系

## 一　漢字と映像

ことばには語られる音声言語と、かかれる文字言語とがある。音声言語は直接的な伝達の方法であるから、ことばの本来的なありかたであるが、文字言語は文字をその媒材とするものであるから、いわばその副次的な形式にすぎないとする考えかたが、現代の言語学の伝統をなしている。現代言語学の祖であるスイスの言語学者ソシュールの言語理論では、語られるものこそ言語学の対象とすべき唯一のことばであり、文字言語は音声言語のかき写された形式にすぎないとする。従って文字言語は音声言語と対等にならぶものでなく、文字は音声を写すものにすぎない。それで言語学において文字が取り扱われるときには、ほとんどその表音のありかたに関する問題に限定される。文字言語は独立的なことばの体系でありえないのみでなく、文字もまた言語における認識や表現の問題に関与しうるものではない。ことに表音機能を一義的目的としない漢字は、文字論においてもほとんど無視され、除外されているといってよい。そして西欧の研究者のそのような態度に、わが国の研究者も追随するのが定めである。

漢字のような古代的な遺物を、世界の言語学において文字として認められることもない非近代的なその表記方法を、恥をしのんでいまもなお維持する理由があるのであろうか、これがわが国の漢字制限論、漢字廃止論の根柢にある考えかたである。こうして漢字は、いま全盛を極めている世界の言語学からは無視され、わが国の研究者からは厄介者扱いされている。漢字はいまや世界の孤児である。

ソシュール以後の言語学は、この半世紀の世界の動きのように、はげしく展開し、変貌した。言語学が認識論の領域にまでふみこんで、実存主義的言語学や構造言語学などが生まれ、ついには認識と表現の一般にまで及んで記号学となり、絵画や映画・演劇までも表現としての言語の一部とみなされるようになった。よるべない孤児であった漢字も、われわれの知らないところで再び脚光を浴び、そこでは文字映像として新しく位置づけられようとしている。それは西欧の、映画芸術の研究者たちの間においてである。

映画における映像とは、制作者の思考を画面に表現として構成するものであるから、それは原理的に、絵画的方法から発達した象形文字である漢字と、その視覚的思考性において共通するところをもつはずである。その映像において表象されるところのものは、視覚に訴えるところの直接無媒介的な表現である。それで映像は映像言語として、表意的、文字言語と等置することができると考えられる。

もとより私は、このような言語概念の節度のない拡大を、漢字の存続の根拠としてそのまま利用しようとするのではない。しかし文字が映像であるならば、ことばもまた概念の映像である。しかも漢字の映像としての記録性のうちには、文字の草創期におけるその概念の世界が、視覚的形象として定着し、共時的事実として、表現の体系をなして伝えられている。三千年を超えるその歴史は、ことばの著しい変化にもかかわらず、おどろくべき通時性を保ちながら、なお現前の文字体系として存するのである。それは、限りなく深く豊かな過去をもつ。その歴史的景観をたどりながら、いくらか今日的な課題にもふれてゆきたいと思うのである。

## 2 文字と書契

文字はまた書契ともよばれた。『周易《しゆうえき》』の『繫辞伝《けいじでん》下』に、上古は結んだ縄を約束のしるしとして治めたが、のち伏羲《ふくぎ》氏の世に至って書契（文字）が作られたという。

じっさいに文字があらわれるのは殷《いん》王朝の後期、ほぼ前十四世紀に入ってからのことであるから、伏羲書契説はもちろん伝説である。伝説的な古帝王とされる伏羲は南方苗族《びょうぞく》の神であり、書契という語も秦漢以後のものであろう。

文字は古くはただ文とよばれ、文章をなすものを文辞といった。『孟子』万章上に「文を以て辞を害せず」というのは、語の表面的な意味で真の文脈を失ってはならぬということである。また『論語』（学而）に「行うて余力有らば、則ち以て文を学べ」というのは、既存の言語規範を学ぶのは、二次的なことだとするのであろう。

文字と書契は同義に用いられるが、字の初義はそれぞれ異なる。のちにいうように、文は文身、字は幼名、書は呪的な目的のもとに隠された呪文、契は刻みつけるという記号の方法である。わが国では文字のことを古く名といった。漢字を真名《まな》というのに対して、カナは仮名である。中国でも古く文字を名ということもあり、『周礼《しゅらい》』春官『外史』に「書名」というのは文字・文書のことである。文・字・名はいずれも人の出生・冠婚・死喪の際などに行なわれる通過儀礼、書は文字の機能、契は書記の方法に関している。古代の文字を意味する語には、他の文化民族においては契刻の方法をいう語が多いとされているが、契が単独に文字を意味することはない。中国では早くから筆を用いる筆記の方法があったからであろう。書は筆でかかれた字を意味する。書は文字の特殊なありかたを示す字であるが、その他の本来文字を意味する文や名・字などの字は、すべて通過儀礼に関するものである。

このことは、文字がもとそのような儀礼を背景とし、その儀礼的実践をいわば字形的に映像化することによって生まれたものであることを、示唆するものであろう。象形とは単なる絵画的方法や摸写を意味するものではない。象形文字はその形象の含む比喩的な表象の方法によること、つまりいつでも象徴的な表現であるというところに、その本質がある。対象の摸写ではなく、対象を示す語とともに独立的に、象徴としての表現力をもつものであったと考えてよい。そのことからいえば、古代文学の成立について、その表記方法を神話書記法と言語書記法の二系列とする考えかたも、いちおう可能であろう。文字は語の形式であるよりも、語と対象との関連を、意味的に形相化することを目的とするものである。

## 3　神話書記法

考古学的な遺跡は、しばしば神話的思考の記号にみたされている。フランスの西北部、ブルターニュ半島の南、ドルメンとメンヒルの死の列石のほかに、何ものをもとどめることのないカルナックの遺跡や、あるいはマヤの巨大な石造物の設計のうちにも、時間と空間とにはたらきかける神話的な思惟が浸透している。古い時期の土器にしるされた文様や刻文などにも、その残映がある。それは旧石器時代の、洞窟や岩壁にしるされた動物画などの系譜に属している。

中国の最も古い土器文化である彩陶土器は、おそらくもと黄河の屈曲部あたりに発したものであろう。西からは渭《い》水、北からは汾《ふん》水、西南からは伊《い》・洛《らく》の二水が合流する地点で、そのような洪水地帯こそ、最も肥沃な土壌にめぐまれ、早期に開花した文化地帯であった。そこには洪水神と、農耕の神とが生まれた。西安半坡《はんば》の彩陶土器は、その地域のものである。放射性炭素による測定年代は、前四一一五年～前三六三五年の時期にあたると報告されている。

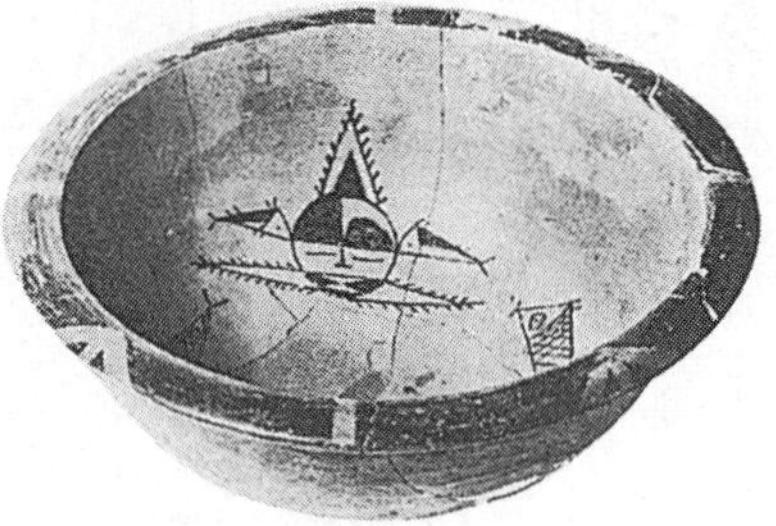

図1　彩陶土器　人面魚身像

半坡土器には、人面魚身や魚・鳥をモチーフとする図像が多くみられ、また文様としては幾何文様が支配的である。この人面魚身の図像が、おそらく彩陶土器文化をもつ古代王朝夏の始祖神である禹《う》の神像の原型であろうとする考えを、私はかつて『中国の神話』（一九七五年、中央公論社刊）にしるしておいた。魚は禹の父とされる鯀《こん》の姿であろう。この二つの図像で示されているものは、いわば夏族の創世記そのものであり、その神話書記法である。

彩陶土器に著しい幾何文様は、また早期の土器文化一般にもみられるものであり、のちまでも未開の地域に基本的な様式として行なわれているものである。オーストリアの美術史家リーグルの『美術様式論』（一八九三年。長広敏雄訳、一九四二年、座右宝刊）にみえる古典的な解釈によると、これらの幾何文様は、動物の図像などの幾何学的形式化から生じたものとされているが、半坡土器においては、神像から幾何文様への移行のあとをたどることができるように思われる。

この幾何学的な線の結合は、かれらの最初の芸術的創造であり、その世界観の様式的表現であった。すなわちその未分化の体系のうちに、種々の意識的な変形も試みられている。神話的表記をそこによみとることは、それほど困難なことではない。

## 4　山頂の大鐃

文様は青銅器の制作に至って、高度の完成をみせている。殷墟から出土する象牙や獣骨に刻まれた繁縟《はんじよく》な文様や、また殷の特徴的な土器文化である白陶土器や斜格《しやかく》文などから考えると、かれらが意図した文様の様式は、青銅器の制作によって完成されたということが知られよう。その典型的なものは饕餮《とうてつ》であり、夔鳳《きほう》・虺龍《きりよう》であり、蟬文であり、その地文として器面を埋めつくすように配された雷文である。方形あるいは円形をなす雷文は、漠々としてその文様の世界を覆い、神霊の気の遍満し流動してやまぬ天地の姿を思わせる。これらもまたいわゆる神話書記法の系列に加えてよいものであろう。

饕餮はおそらく虎をモチーフとするものであろう。北方では虎というが、南方では

図２　白陶土器　斜格文

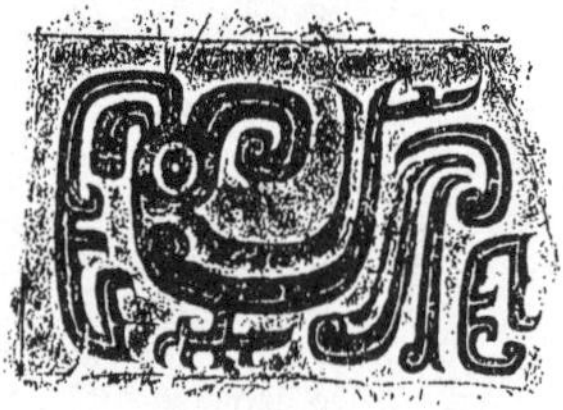

図３　青銅器文様　大鳳文

於兎《おと》という。饕餮や檮杌《とうごつ》とよばれる貪食の悪獣の名とされる語も、於兎と同じ原音から出たものであろう。この南方語は、インド・ヨーロッパ語系の tiger と、同源の語であるように思われる。

この文様のもつ本来的な意味機能はどのようなものであったか、そのことを考えうると思われる一例をあげよう。先年（一九七六年）の中国古青銅器展に、湖南寧郷出土の大鐃《だいどう》が出品されたことを記憶される人は多いであろう。同時に展観された四羊犠尊も、そこから少し離れた山の中腹から出土したものである。いずれも南方の辺境の地で相接しており、特にこの大鐃はその山頂に器口を上にしたまま埋められていたのである。鼓面の主文は饕餮、器の口縁に象文を配している。象は『孟子』万章上に舜《しゅん》の弟象《しょう》を封じたという南方の有鼻の国の象徴である。

図4　寧郷の大鐃　祭祀の呪器

大鐃はこの地のほかに、長江下流の沿岸に近い数地からも出土しているが、いずれも六、七十キロ近い大器で、出土の場所も寧郷象文大鐃と同じく、みな高地の頂上附近である。おそらく展望のきく場所がえらばれているのであろう。今までのところ他の地域からの出土は報告されておらず、おそらく饕餮を主文とするこれらの大鐃は、殷が南方系の諸異族と接するその最前線に、異族神厭伏《ようふく》の目的をもって配置されているものであろうと考えられる。わが国の銅鐸に与えられている機能と、いくらか相通ずるところがあるかもしれない。大鏡は容易に運び移すことのできるものでないから、おそらく聖器としてその山頂に埋め、祭祀を行なうときにはその土を除いて聖壇とし、終わればまた埋められたのであろう。各地の大鏡の出土情況が同じであることから、それは南方の諸異族に対する山頂からの国見、すなわち山見の儀礼のごときものであろうと推測される。殷王朝の神話的な支配は、このような呪器を奉じて行なわれる呪的儀礼によって維持されたのであろう。青銅器の文様も、本来はいわゆる神話書記法の一種であったことを知りうるのである。

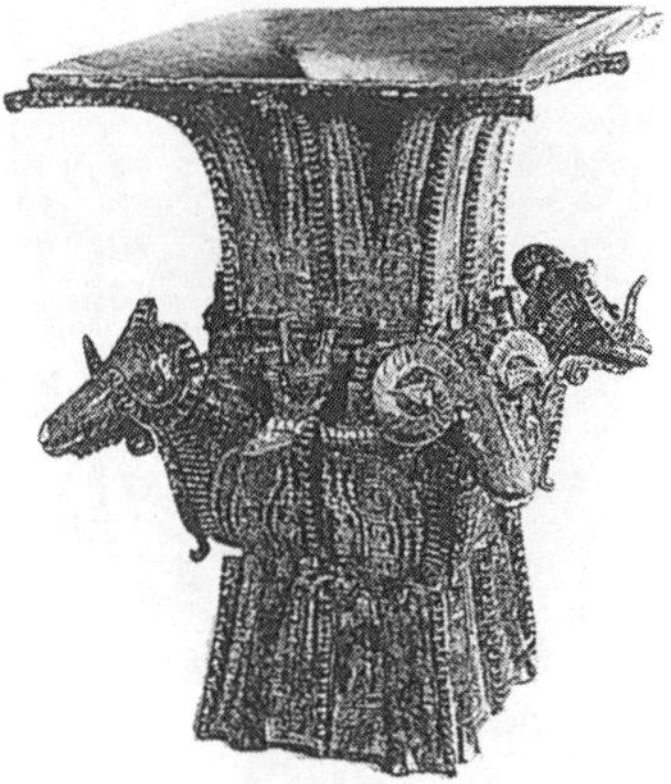

図5　四羊犠尊　祭祀の呪器

## 5　図象の体系

殷の青銅器には、図象だけを附しているものが多い。図象には文字と同形のものも

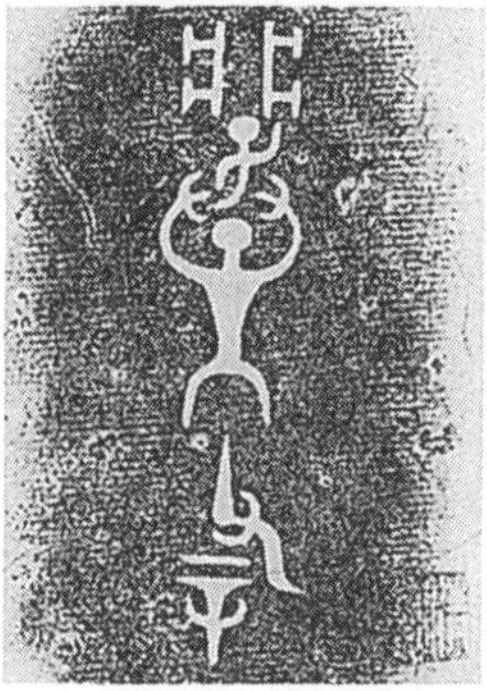
図6　形図象　王族の身分

図7　亞字形図象　聖職者

あるが、文字としてではなく、その表記に図象的意識が貫かれており、文字とはまた異なる体系をもつ。土器の古い刻文にその先駆的なものが認められ、図象の体系も、文字の成立と時期的に並行するものであろう。それは氏族の身分的・職掌的表示の意味をもち、図象標識とよばれる。

子◎ 

図象には、子や形のように王族身分を示すもの、亞字形図象のように聖職に関するもの、祭祀儀礼や刑罰の執行、その他器物の製作や鳥獣・犠牲の飼養など、広汎な職掌をあらわすものがある。おそらく王朝的秩序に対応する身分・職掌的組織の表象であるらしく、すべての氏族はその体系のなかで図象的に位置づけられている。記号がその記号系列のなかではじめて記号として機能しうるように、図象も構造表示的なものとしてのみ意味をもちうる。それは文字の成立と同じ基盤に立つものであり、文字成立の条件の成熟を示す事実である。神話書記法と言語書記法とは、ここにその接点をもつ。図象標識が固有名詞としてその氏族名と対応する関係をもったとき、それはその氏族名を示す字となるからである。

たとえば龔《きよう》は呪霊としての龍を使うもの、得は呪物としての子安貝の取扱者を意味する標識であり、その氏族はのち龔・得とよばれたであろう。わが国の犬養《いぬかい》・服部《はとりべ》というのと同じである。図象は文字として用いられたものではないが、文字としての意識が加えられると、そのまま字となるのである。傳（伝）は大きな橐《ふくろ》（東）を背に負う形で、おそらく犯罪者を域外に放逐する追放儀礼に与かる職掌のものであろう。古くは追放儀礼を伝棄といった。西周後期の散氏盤に、違約の罰として、「即ち爰《くわん》（鍰）千・罰千、之を傳棄せん」という誓約の語がある。図象は文字ではないが、図象標識として用いられる「傳」に書法的意識を加えれば、そのまま文字となる。おそらくこのような関係において文字が成立したのであろう。レヴィ＝

龔◉ ◎

得◉ ◎

伝◎

図8　金文図象　橐

ストロースのような構造主義者は、親族組織やトーテム、カーストなどに記号体系の原型を求めようとしているが、それらはもとより記号ではなく、文字への近接の道をもたないものである。

　土器や青銅器に加えられている文様や刻文は、意味のない装飾ではない。ときには文字以上に語ることの多い、意味的記号である。神話書記法は神話的世界観を表象するが、図象標識は王朝的秩序の表象であり、図象の体系はそのまま王朝の支配形態の表象である。文字はこのように前文字的段階を幾重にも経験しながら、最後に文字の体系にたどりつく。しかしそこにはなお、象形文字が文字体系として成立することをはばむ、大きな障壁があった。語との対応を成就するために、たとえば実体を固定しがたい代名詞や、また否定詞・前置詞のような形式語などの表記の方法をどうするかという問題である。古代において、オリエントその他の地に成立した古代文字の体系は、すべてその表音的方法を発見することによって成就された。すなわち象形文字は、その象形文字たる原則を超え、象形的有意性の部分的放棄を認めることによって文字の表音化に成功し、そこにはじめて象形文字の体系を成就したのである。

## 6　我と汝

我と汝とは必ずしも固定した関係にあるものではない。我が汝となり、汝が我となることのできるものである。そういう実体の固定しないものを、象形文字で示すことは困難である。それで音の近い字をとって、それに充てる方法がとられた。このように本来の字義をはなれ、音借の方法によるものを仮借《かしゃ》という。

我◉ ◎

我はもと鋸の形である。そのことは羊に鋸を加えて犠牲とすることを示す義や義の字形から知ることができる。義は犠牲としてささげられたものが神意にかなう義《ただ》しい状態にあることを示し、のちには正義の意となる。義は鋸の下に、羊の下肢がなお残されている形で、犠の初文である。

義◉ ◎
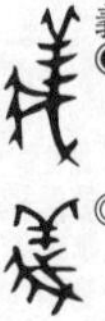

われを示す文字には我・吾と、余・予・朕・台があり、それぞれの音系列をなす。汝には古くは女・若・而・爾・乃などを用い、これも一つの音系列に

属する字である。いずれも他の字音を借りて用いるもので、それぞれ代名詞とは異なる、本来の字義をもつものである。しかし我・余・爾などは、のちその本来の字義に用いられることはほとんどなく、我が鋸、余が針、爾が文身の美を示す字であることは、これを文字構成の有意的な要素、すなわち形体素とする他の文字によって、はじめて知ることができるほどである。

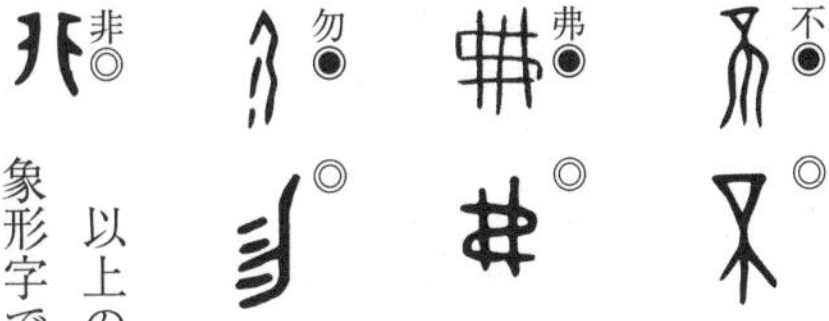


否定詞に用いる不・弗・勿・無・非なども同様である。上三字は甲骨文にみえるが、不は花《か》蕚《がく》のうてなの形、弗は長いものをそろえてくくる形、勿はけがれを祓うための呪飾である。古くはみなP系の音であったのであろう。これらの字もその本来の字義はみな忘れられて、かえって芣・紼・物など、その本来の字を声符とする形声の字が用いられる。無は舞の初文であるが、別に両足を加えて舞が作られた。非は非余ともいわれるすき櫛の形であるが、これも本来の意味において用いられるのは、玉櫛を示す非余という語においてのみである。

以上のうち字の形体素が複数であるのは吾・朕・台などで、他はみな単一の象形字である。仮借字は象形字が文字としての体系を意図したとき、抽象的な観念や否定詞のような形式語を補う方法として案出されたものである。このことは、象形字の音価がその当時すでに安定したものであったことを示している。すなわち象形文字はまた表音文字としての機能をもちうるものであった。形と音とはその文字において固定的に結ばれ、その上に言語規範としての意味が含められる。しかしその意味を理解するには、字形の正確な把握と、文脈の上からの用義の選択を必要とした。象形文字を漫画のように、見ればそのままわかるなどというのは、まことに素朴な誤解である。吾は祈りの器である𠙵《さい》の上に蓋器《がいき》をおいて敔《まも》る意味の字であり、語としては代名詞の吾の用法であり、文脈において我の所有格の用義であることは、この文字を用いる前提として要求される知識であった。

## 7　文とは何か

文は文身であり、出生・成人・死喪の際の通過儀礼を示す字である。文を形体素とする文字は、すべてその意味をもって系列化される。神聖な祖霊をよぶときに文祖・文考（父）・文母のようにいい、その徳をほめて文徳という。甲骨文・金文の用義法は、

文◉　◎

奭●　◎　爽◎

この二例のほかにはない。霊界に入る人の聖化の方法として、その胸郭に朱色で記号を加えた形が文である。記号としては生命の象徴である心臓の形を描いたが、ときには省略形の∨や×を加えた。婦人のときには両乳をモチーフとしてその周囲に加えている。その字は奭《せき》・爽で、いずれも爽明の意をもち、生命感を喚起する文飾を示す語である。

産◎

彦◎

顔◎

人が生まれたときにも、やはりその額《ひたい》にしるしをつけて、邪霊の依り憑《つ》くのを祓った。転生の祖霊を迎えるためである。厂《ひたい》の上に文をしるし、下に生を加えた字は産（產）である。成年のときにも厂の上に文をしるし、下には文彩を示す彡《さん》を加えた。その字は彦（彥）である。その文身を加えたものを顔（顏）という。文身を加えたひたいの部分をいう語である。

おそらく古代の人は、産の字形のうちに新しい生命の受霊としての生育の儀礼、彦の字形のうちに若者としての年齢階級に達した成人の儀礼、また文や奭の字形に、神霊として祀られるべき先人の姿をみたであろう。文字はそ

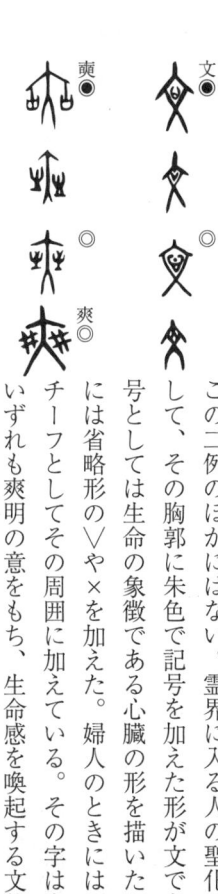

のような儀礼的映像を形象のうちに固定した記号である。

　文身は神聖な美を生む。文身の美しさは、彣彰《ぶんしょう》といわれる。章は辛《はり》によって皮下に色素を注入する入墨をいう字であるが、これとても本来は、神に近づくために施されるのである。

章◎

　聖化のために加えられる文身の美は、またその内的な徳の表象として理解された。殷王朝の王名には、文丁・文武丁のように文や文武を冠していうことがある。文武と並称するとき、文は文徳をいうものと考えられる。文とは内なるもののあらわれである。天にある秩序は天文であり、人のうちにある先験的なものは人文となる。それならば文字もまた、天地間の万象がみずからをあらわす姿でなくてはならない。それは決してことばの表記形式というようなものではなく、存在の自己表現の形式そのものにほかならない。すなわちことばと同じ次元に立つところの、実在の概念化、客観化の方法にほかならないものといえよう。

## 8　名と実体

すべてのものは、名をもつことによってはじめて具体的な存在となる。存在の世界を存在の世界として秩序あらしめるものは、ことばの体系の成立であったということができるし、同時に文字の体系の成立であったともいえよう。古代のオリエントの神学では、名を定めるのは神のことばであるとされているが、そのような唯一神の信仰をもたなかった中国の古代では、名を定めるものは聖人であり、家の子の名を定めるものは祖霊であった。加入儀礼を行なう年齢によって、まず字《あざな》がつけられ、ついで名がつけられるのである。名がつけられることによって、その人格権が確立する。

字◎

名◎

字も名も、いずれも形体素の複合よりなる会意文字である。文字というときの字は、文が単体字であるのに対して複合体、すなわち会意および形声の字をいう。すなわち滋生、滋《ふ》えたるものの意とされているが、それは字の原義ではない。形声は声符を含む形式的複合にすぎないが、会意の字はおおむね人の行為に関

しており、しばしば儀礼そのものの映像である。

　字をその字形のように家のなかにいる子供というのでは、そこから何の意味も生まれない。会意字の形体素は、すべて象徴としての意味を含むものとみなければならない。屋根の垂れている家は、古代の文字にあっては必ず廟屋、先祖のみたまやである。そこに子がかかれているのは、氏族員の子としてはじめて祖霊に謁見することであり、その生育の可否について祖霊に報告し、その承認を受ける儀礼を意味する。そのとき幼名がつけられるのを小字という。字はアザナである。かくて養育のことが決定される。ゆえに字に「字《やしな》ふ」の意があり、滋生の意もそこから生まれるが、本義はあくまでもアザナである。

　名の上部は祭肉、下は祖廟に告げる「のりと」で、その器の形𠙵《さい》をもって示す。養育して一定の年齢に達すると、氏族員としての名が与えられ、祖霊に報告する。命名にも一定の規範があり、祖霊の承認を要するのである。その儀礼を示す映像的字形が名であり、その名はその人格の実体と不分離のものとみなされる。実名はたいてい人に知らせることがなく、実名敬避の俗はきわめて普遍的に行なわれている。わが国の古代にあっては、女子が実の名を明かすのは、相手に許すときである。名は実体そのものと考えられた。

すべて名づけられたものはその実体をもつ。文字はこのようにして、実在の世界と不可分の関係において対応する。ことばの形式でなく、ことばの意味する実体そのもののの表示にほかならない。ことばにことだまがあるように、文字もまたそのような呪能をもつものであった。書とは、そのような呪能をもつ文字のことである。

書◎

## 9　隠された祈り

書とは、しるされた文字である。わが国には、書も史も文もみな「ふみ」とよむ訓があった。いまの音訓表では、文が数年前（昭和四十八年）の改定で回復されたほかは、なおそのようにはよまぬ定めである。きびしいことを定めたものである。

文は記号の総体である。内なるものが外にあらわれるものをいう。その限定的用法が文字である。文字は、ことばの呪能をそこに定着するものであり、書かれた文字は呪能をもつものとされた。史は、その書かれたのりとの器を木の枝につけて、神霊にささげる祭儀を示す形で、いわば告文である。それはもと史祭とよばれる祭儀を意味した。書はその告文を境界の地に埋めて、その呪能によって域内を衛《まも》るためのものであった。字形は者と聿《いつ》（筆）とからなる会意字であるが、聿はのちの附加部分であり、者そのものに本来の意味がある。者を声符と解するのは誤りである。

者◎

者（者）は曰の上に木の枝や土をかけて、これを埋め隠している形である。曰は⊔のなかにのりとを入れたものであり、まず寺社のお札の類と考えてよい。古い時代には部落の周辺を堆土で囲んで、その要所には呪符を埋め、邪霊の侵入することを防いだのである。そのお土居のような堆土を堵《と》といった。陶淵明が『五柳先生伝』に「環堵《かんと》蕭然《しょうぜん》として風日を蔽《おほ》はず」といったのは、もの寂びた方丈の室のことであるが、古くは堵は城壁の壁面をいう単位であった。わが国では所領安堵《あんど》のように用いる。その堵で囲まれた邑が都である。邑の周辺に堵をめぐらす意であろう。

京◉　◎

国の都を京都という。京は城門の象であるが、その門は戦没者の屍骨を塗りこんで作った。『左伝』の宣公十二年に、楚が晋との戦いに勝ったとき、楚の臣下のものが「君なんぞ……晋の尸を収めて、以て

京観を為《つく》らざる」とすすめた。戦役の勝利者は、敵の屍骨を集めて塗りこめ、その凱旋門を都城の入口に建てたのである。これもまた隠された祈りである。この怨念にみちた枉死者たちの怒りは、すぐれた呪霊を発揮するものと考えられた。

文字は呪能をもつ。声によることばの祈りは情念を高めるが、文字形象に封じこめられた呪能はいっそう持続的であり、固定的である。西安半坡の土器の画像も、饕餮文を飾る山頂の大鏡も、初期青銅器にみられる図象標識の体系も、すべては神話的な記号とみなすべきものであるが、その最後に文字の体系があらわれる。それはことばの体系に対応するものとして、言語書記法とよぶべきものである。しかしここにもなお、ことだまの呪能は生きつづけるのである。

## 10　聖化文字

前十四世紀後半の殷の武丁期に至って、はじめて甲骨文があらわれる。武丁期よりやや先立つらしい時期の甲骨文もいくらか見出されるが、文字として未成熟なところがある。武丁は在位五十数年に及び、のちの文献にも高宗とよばれる英主であった。

図9　甲骨文　苦方関係卜辞

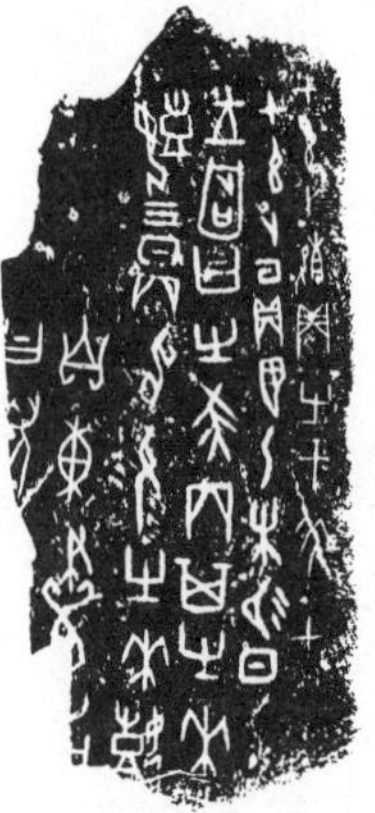
図10　甲骨文　繇辞と験辞

山西方面の外族苦方を伐って、長征三年ののちにこれに克ち、殷王朝の最も充実した時期を迎える。山西の雁門《がんもん》・保徳の附近からも大量の殷器が出土しており、その経営のあとを残している。甲骨文もこの時期のものが筆勢雄偉、卜辞も最も内容に富んでいる。

武丁期の卜辞には、卜することをしるした卜問の辞、その卜兆に王が吉凶の判断を加えた占繇《せんよう》の辞、またその結果が王の占繇に一致したことをしるす「允《まこと》に……」にはじまる験証の辞を刻するものが多い。本来占卜には、文字は必ずしも必要ではない。卜することを定め、骨を灼《や》いてその卜兆をみれば、足ることである。またその結果についてまで卜骨にしるすのは、卜うという行為の目的からいえば全く無用のことと思われる。しかしこの期の卜辞には、問辞・繇辞・験辞のすべてを刻しているものが多く、またその刻文にはすべて朱や褐色の色料を塗りこめている。大字大版のものには、いまもなお鮮やかな朱色を認めうるものがある。占卜のことがすべて終わったのちに、刻字と彩色とがなされているのである。

占卜は、神に対して王がその行為の吉凶をあらかじめ問う行為であるが、占卜はおそらく、王の意志にそむくことはできなかったであろう。それは王の意志について神が同意することを要求する儀礼であった。王が卜兆に対して加えた判断は、神の名において必ず実現されるべきものであった。このようにして実現されたことは、先例・規範としてその将来についても保証すべきものであった。占卜とは要するに、神の名において王の神聖性を保証することである。その証明たるべき甲骨の刻文は、朱をもって聖化保存される。王の神聖性に奉仕すべき甲骨文の機能は、トっただけではまだ終わっていないのである。

ことばは伝達の過程においてのみ存在するというういわゆる言語過程説、また文字をことばの摸写とする説が、いかに事実から遠いものであるかは、以上に述べたことがすでに明らかにしているであろう。われわれの体験的な事実からいっても、ことばと文字とはそれぞれ相互補完的に、また相互媒介的にはたらきながら、その自律的運動を展開する。古代的事実としては、ことだまの観念とこれに対応する聖化文字との関係が、そのことを証明している。

# Ⅱ　象徴の方法

## 11　象徴について

アフリカのバルバ族は三つの名前をもつといわれている。第一は「内なる名」、また「生の名」「存在の名」ともよばれるもので、これは秘密にされる。第二には通過儀礼のときつけられるもので、年齢や身分を表示する。第三は任意にえらばれたよび名であるが、これは自我の実体とは何らかかわりのないものである。死後には本名である第一の名が用いられる。三つの名はいわば名・字・通称にあたるものであるが、実体への関与のしかたはそれぞれ異なる。実名のみが実存的な意味をもつものとされ、その名を他に知られることは、人格的支配を受けることであり、自己を喪うことである。記号と実体とのこのような関係を、象徴とよぶことができよう。

漢字において、字はその養育儀礼のときの命名、名は氏族員としての加入儀礼のときのものである。その字形は、通過儀礼を象徴する諸形体素の複合より成る。そこでは部分が全体を示しており、特殊は一般に連なる。家屋の形を示す字の上部は儀礼の行なわれる祖廟であり、名の上部の肉は命名儀礼の際の祭肉である。文字の形体素は文字の世界の扉は開かれることはない。古代文字においても、象形はおおむね象徴である。「内なる存在の生」としての名の統一的な意味によって規定される。それはことばが、文脈によって意味を獲得するにひとしい。象徴の意味を理解しないかぎり、古代文字の世界の扉は開かれることはない。古代文字において、象形はおおむね象徴である。

従来の文字学に対する批判的研究を試みた私の『説文新義』について、その書のなかで従来の象形字の解釈がどれほど改められているのかと、ある外国の研究者が私に質問した。その意図は、おそらく象形文字の解釈は「視て識るべきもの」であり、従来の解釈を改める余地などあるはずのないものである。何をもって新義と称するのかという意味の質問なのであろう。私はそのとき、一例として名の字形に含まれる𠙵の解釈についてふれた。これはいままで、すべて「夕には口で名のる」式に解されている字である。しかし甲骨文・金文の文字には、𠙵形を含む文字で、この形を口耳の口と解しうるものは一字もない。またその字形から展開している曰も言も音も、すべて口耳の口には関しない字である。この基本形である𠙵の従来の解釈が誤りであるとすれば、その系列に属する数十の基本字と、またその関連字とは、すべて解釈を改めなくてはならない。誤解のもとは𠙵を口の単なる象形と解し、文字映像におけるその象徴的意味を把握しえなかった点にある。

口　𠙵

尹◉　◎
君◉　◎

象形は絵画ではない。具象というよりも、むしろ抽象に近いものであり、それゆえに象徴性をもつ。たとえば一本の小枝を手にもつものは尹《いん》である。笹を持って舞う狂女のように、その小枝は神が憑《よ》りつくものであり、従って尹とは聖職者をいう。尹が𠙵によって神託を求めるとき、それは君である。君とは女巫にして王たるものである。

文字の構造的理解には、それぞれの形体素の含むこの隠微な象徴的表現を、的確にとらえることが必要である。象徴画の図形構成のうちに、その絵のなかのことばをよみとることが必要であるように、象形文字はその字形の意味をよみとらなくてはならない。漢字は古代的な一種の象徴画にほかならないからである。

## 12　呪的方法

呪術とは、超自然的な力にはたらきかけるための、象徴的行為である。模倣による共感、あるいは追従による感染などによって、人はその超自然力を動かし、危機を克服しうると信じた。その呪的儀礼を文字として形象化したものが漢字である。漢字の背景には、そのような呪的な世界があった。

告◉　◎

告（告）の字形は、牛が人に何ごとかを訴えるために口をすり寄せている形であるとされている。しかし訴えようとするものは果たして牛であろうか。甲骨文や金文の字形では、上部は明らかに小さな木の枝である。𠙵はそれに繫けられたのりとの器の形とみなければならない。木の枝はおそらく、わが国でいえば榊《さかき》など、神事に用いるものであろう。下の𠙵は、今までにもみてきたように、のりとを入れる器である。告げるとは、神に告げ訴えることである。殷の武丁は山西の苦方討伐にあたって、「壬午（の日）卜《ぼく》して、亘《えん》（貞人の名）貞《と》ふ。苦方を上甲（祖王の名）に告《いの》らんか」とトし、また「貞《と》ふ。河に苦方を告《いの》らんか」とトしている。祖霊や山川の神々に戦勝を祈ったものであるが、山川に祀るその儀礼は

造◎

のちには造（造）といわれた。山川の聖所に造《いた》って祀る意である。造はまた廟中に舟（盤の形）をかき、供薦して告げ訴える形にしるすものがある。神といえども、申し文だけでは効果がうすいとみたのであろう。

のりとの器である𠙵は、また細長い木に著けてささげることもあった。その形が史

史◉　◎
事◉　◎

である。史も卜辞には、「大乙（祖名）に史《まつ》るに、王はそれ饗せんか」のように、祖霊を祀る祭名であった。しかしたとえば山川の聖所に赴いて祀るときには、大きな木に著けて吹き流しを飾り、これを奉じて出行した。それが使・事であり、岳神に祭りの使者を出すときには、「貞ふ。人を岳に使《つかひ》せしめんか」という。祭事のためである。

祖廟で大祭が執行されることを、『左伝』には「大事あり」という。𠙵が神に祈り霊を祀るときに用いられるのりとを納める器の形であることは、この告・史・事などの例からみて、疑いのないことであろう。当時の人びとには、この形象の意味するところは自明であった。字形における象徴は、象徴的な儀礼の執行者であるかれらに、全く同質のものであったからである。

## 13　攻撃と防禦

呪術の目的は攻撃と防禦とにある。その最初の方法は呪的な言語によるものであったが、それが表記形式に定着したものが文字であった。開かれた祈りは告であり、隠された祈りは書である。攻撃と防禦の方法は、その呪能を託されている祝告の器である𠙵に対して、加えられるのである。

神に祈る祝告は、その呪能を維持するために、厳重に封緘しなければならなかった。

吉◉　◎

古◎

咸◉　◎

吾◎

敔◎

舎◎

害◎

邪悪な力を退けるのには、神聖な兵器が最も威力を示すのである。それで器の上には鉞《まさかり》や盾《たて》・戈《ほこ》などを加えた。吉は鉞を、古は盾を、咸は戈をそれぞれ𠙵に加えた形である。吉にはその呪能をここにとじこめる、古には固く永続させる、咸には完全に終わるなどの意味がある。みなその祝告の呪能を保全するための防禦的方法である。代名詞に用いる吾も、もと大きな蓋器《がいき》で𠙵を蓋《おお》う形であり、敔《まも》る意をもつ字であった。祝告の器が守られることは、その呪能が効果を発揮することにほかならない。

このような呪能を破る方法も、その器に鋭い刃器などを加えるという象徴的なしかたで行なわれた。舎（舍）・害（害）の上部は、いずれも長い刃をもって器を突き通す形であり、そのような方法で呪能は失われると考えられた。旧字の字形では、上部の刃は曰にまで達している。達することによって、これを舍《す》て、害することができたのである。いまの新字はその刃先を折り棄てている。これではその呪能を舍て害することは不可能である。いずれもいままでの字書にもみえないふしぎな字形を創出している。

曰◉ ◎　某◎

曰はその器中にのりとが納められている形である。書のように土中に隠されることもあるが、告や史のように神桿の上に著けて、神意を問うこともあった。それは某《はか》る、すなわち謀の初文である。いまの字形は上部を甘の形とするが、金文の字形は明らかに曰に作る。字の意象は告と同じとみてよい。

沓　朁◎

曰の呪能をけがすために、水をそそぐことが行なわれた。沓がその字であるが、ついでに足を加えて踏むこともあったであろう。また簪《かんざし》も呪器として用いられることがあり、朁《しん》は人を譖《そし》るときの呪的方法である。神かけて誓い合うときには、曰の上に両者の手をおいた。㫐《ゆう》とは同族の盟友をいう友の初文である。聖書の上に手をおいて誓うのと同じ形で、いまは大統領や聖職者の就任の儀

㫐◉ ◎

礼に残されている。

## 14　聖記号

ものはみな時間と空間とにおいてある。その時間においてあるものを存といい、空間においてあるものを在という。存在はいずれも聖記号の才を基本とする字である。

才の字形は、十字架のような十字形の標木《しめき》に、𠙵を結《ゆ》いつけた形である。𠙵はのりとの器の形であるが、それは呪符と解してよい。標木に呪符をつけたものが才である。才は存在の標識である。天地人を三才という。才とは本来あるものであり、いわゆる材質・質料をいう。神によってその存在をあらわされるもの、その聖標識が才である。存はその聖標識に人の形を加えたもので、生命の聖化を意味していよう。また在は聖器としての刃器士を加えており、場所的占有を意味している。わが国の「占標《しめゆ》ふ」を標識化したものが才であり、在である。

存亡とは死生のことであり、その存するものは生命である。在とは

「物を見ること察《あきら》かなること」といわれるように、在ることの位相を認識することである。存在はその本来の字義において、まさに存在そのものを表象しているといってよい。

才は材質の意であり、聖なる記号であり、内なるもののあらわれとしての才徳であり、およそものの根源であり、はじめである。字形学の聖典とされる後漢の許慎《きょしん》の『説文解字《せつもんかいじ》』六上に、「才は草木の初なり」とみえる。存在するものがはじめてその形相をあらわすことを才といった。哉・載はみな「はじめ」の義に用いる字である。おそらく聖記号をつけた戈、すなわち𢦏が、儀礼の開始に修祓の機能を果したのであろう。𢦏の字形に含まれる十は、卜文の字形からも知られるように𠙵を著けている形である。

𢦏◉

哉は𠙵に従うており、祝禱の儀式の開始である。裁は衣に従うており、おそらく神衣の裁《た》ち初めであろう。載は車の出行の儀礼と考えられるが、いまの自動車のようにやはりお札を飾ったのであろう。𠙵の代りに、糸飾りをつけることもある。それは幾（幾）であるが、幾にも「きざし」「はじめ」の意があり、無形よりして形のあらわれてくる幾微の状

哉◎

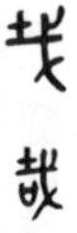

載◎

幾◎

態をいい、またその幾微の状態を察し、あるいはそれに鍼讖《しんき》（いましめそしる）を加えることをもいう。この糸飾りは、わが国の神事に用いる「木綿《ゆふ》」「白香《しらか》」にあたるようである。すなわち戈につける𠙵や糸は聖記号であり、存在の深部にあってその位相をあらわす神の記号である。

## 15　うけひ

神に対することばは祝告であるが、人と人との間にとりかわされることばは言語である。言は神に対するうけひ、すなわち自己詛盟であり、語はことばによる呪詛を防禦することを意味する。そのような人の世の「ことわざ」も、みな神を媒介として成立する。言語の規範は、古代にあっては神の定めたものであった。「うけふ」という古語には、誓・誓約、あるいは禱の字があてられているが、文字の

言◎　◎

原義よりしていえば、それは神にみずからを誓う意であり、神に対して自己の清明のあかしを求めることである。言は辛《はり》と𠙵とに従う字である。辛は入墨に用いる針の形であるから、

辛◉　◎

それは入墨による刑罰を示す。すなわち言の字形は、「神に誓い祈ることにもし虚偽不純があるならば、我は神の刑罰としての入墨の刑を受けるであろう」という自己詛盟を、辛と⊔との二つの形体素の組合せによって示したのである。複合の字は、まさによむべき文字である。

言による自己詛盟は、神と誓約することによって自己の願望を実現しようとするものであるから、積極的であり攻撃的な性格をもつ行為である。これに対する防禦的性格をもつものが語である。吾はさきにも述べたように、⊔の上を聖器で蓋《おお》い、その祝告の機能をまもる意味をもつ字で、言語と連ねてことばの意とする。言語もまたことだまのはたらきを前提として、その機能に関する象徴的儀礼を文字に形象化したものである。

誓は言の上に折を加える。草木を刈る行為が誓いのしるしとされたのだろう。誓約に矢を用いることもあって、矢にはまた「矢《ちか》ふ」という訓がある。古代の裁判には、その当事者から束矢を納めさせた上で、はじめて審理が開始された。羊神判のときには神羊を出し、当事者が誓言する。羊の下に言を二つならべるのは、原告と被告との自己詛盟である。その審判に勝っ

誓◎　善◎

盟◉　◎

明◉　◎
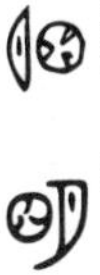

たものが善とされるのである。

うけひは神に対する行為であり、神霊の前で行なわれた。盟は明と血より成る。この明を声符とする説もあるが、明は月明の差し入る窓である。半穴下形式の家に住んでいた時代には、その光を受けるところが神明のいますところであった。従って盟とは、その神明のあるところに盤をそなえ、うけひをする意であろう。『日本霊異記《りょういき》』下に「天皇うけひのみ酒飲ましめ誓はしめて」といい、斎部広成《いんべのひろなり》の『古語拾遺《こごしゅうい》』にも石窟戸《いわやど》の前に誓《うけ》槽《ふね》をおいて誓う話がみえ、審判神《さにわ》には酒食を供したものである。

都路を　遠みか妹が　この頃は　得飼飯《うけひ》て寝《ぬ》れど　夢に見え来《こ》ぬ　『万葉』四・七六七

はいわゆる「祈《うけ》ひ寝《ね》」、夢に卜う俗を歌うものであるが、得飼飯《うけひ》というあて字にその意を含めている。そもそも神もまた象徴にほかならぬものであった。それで神と交渉する手段も、すべて象徴的でなければならず、文字もまたそのような象徴的手段の形象化という方法をとるのである。

## 16　神のおとずれ

神はみずからものいうことはない。神がその意を示すときには、人に憑《よ》りついてその口を借るのが例であった。いわゆる口寄せである。直接に神が臨むときには、「おとなふ」のである。「おとなふ」「おとづれ」は神があらわれることをいう。それは音で示される。

今までにもみてきたように、言は辛と𠙵とに従う字であり、その𠙵はのりとの器である。その器のなかに神の「おとなふ」しるしがあらわれるのは曰である。「曰く」とは神の示すことばであった。それで曰は「のたまはく」とよむのが本義である。それは本来「おとなふ」、すなわち音で示された。音は言の𠙵に、神の「おとなひ」のあらわれを示す。神が自己詛盟をするはずはないから、それは人の「うけひ」に対する神の「おとなひ」、すなわち神の応答である。わが国の古代においても、「おと」は自然の声であり、「おとなひ」は識られざるものの、おとずれであった。『神代紀』下に「夜は熛火《ほほ》（燃える火）の如《もころ》に喧響《おとなひ》、昼は五月蠅《さばへ》如《な》す沸騰《わきあがる》」のように用いる。訪問という用い方は、古代にはなかったものである。

神は幽暗を好んだ。祭祀も多くは夜をこめて行なわれたもので、祭祀用語の「夙《しゅく》夜《や》」とは、夜おそくから朝早くまでの意である。闇こそ神の住む世界である。闇黒がどうして門と音とによって示されるかといえば、それは問と闇とをならべて考えてみると、容易に解決がえられよう。問は人の家の門口でものをたずねるというような字ではない。門の前におかれているものは𠙵であり、神に申すことばである。門は人家の前に立てるものではなく、神の住むところの廟門であった。「誾誾《ぎんぎん》」とは『論語』郷党篇にもみえていて、ものしずかに是非をいう語気のさまであるとされるが、もとは問と同じく神意をたずねる意であろう。それに対《こた》える神の応答が闇、すなわち「おとなひ」である。闇は幽暗というよりも『漢書』元后伝の顔師古注に「闇は黙なり」というように、「黙然たり」というのが本義であろう。「諒闇《りょうあん》もののいはず」とは天子の喪をいう語であるが、本来は神の「おとなひ」を感じさせる状態である。無声に声を聞くということであろう。

問◉

闇

神にはことばはない。ただそれとなき音ずれによって、その気配が察せられるのみである。神意はその音ずれによって推し測るほかはない。これを推し測ることを意と

意◎  いう。推測の意にはのち億・臆を用いるが、意がもと億測の意であり、億・臆はそれから分化した字である。言・音・意はもと一系の字であり、その音声の上でも関係がある。もし単語家族というものを考えるとすれば、このように形・声・義において一貫する関係にあるものを求めて、その語群構成を試みることができよう。

## 17 左と右

神はもと幽暗のうちに姿をかくしているものである。その神によびかけるには呪的な方法、つまり象徴的な手つづきで近づく以外にはない。廟門に𠙵をおいて神意を問うのも、一つの方法である。しかし一般に、神の所在は知られないものである。所在の知られない神のありどをたずねる髣《ほう》とよばれる祭祀もあった。そのあるところを求めて、「ここに於いてせんか、かれに於いてせんか」とたずねるのであるが、髣というのはそれに鼓でもうちならしたのであろうか。閍《ほう》という字を用いるのは、のちの形声字であろう。音は神の声であるが、その神をよぶのにも音を用いたのである。

　また呪具をもって、神の所在をたずねる方法もあった。左右両手はもと手首の形だけをかき、左右のように工や口を手にもつのは、神事のときにかぎられるのである。口すなわち𠙵はいうまでもなくのりと、工は呪具である。おそらく左右にこの呪具をもって、「ここに於いてせんか、かれに於いてせんか」と、祀るべきところをたずねるのであろう。それでこの左右の両字を重ねると、尋（尋）ねるという字となる。上下に手、中に工と𠙵とを含む。尋は尋ね人などのときに用いたり、罪人を尋問したりする字ではない。隠ります神の所在を尋ねることである。

左◎　右◎　尋　工◉

　尋は、たずねるという意のほかに、左右の手をひろげた一ひろの長さをもいう。左右の両手を連ねたその字形からも、その字義のもとづくところは明らかであろう。左右の手をひろげて、その袖をひるがえして舞う左右颯《さつ》々の儀容は、神の来臨を求める舞である。

巫◉　隠○

　工が呪具であることは、その字形を含む巫・隱（隠）・塞・恐（恐）などの字義からも知られることである。巫は工を左右の手で奉ずる形

で、巫祝はこれを呪具として神に接したのであろう。祝もその初形は兄で、𠙴を捧げる人である。工をささげる形から、恐敬の意も生ずる。

隱（隠）は神隠れを示す字である。その左偏は、従来は山を縦にしたもので阜《おか》を意味するものとされているが、横のものを縦にするということはない。それはのちにもいうように、神梯である。神はそこから天に陟降《ちょくこう》する。神は天地の通ずるその聖所に、神隠れに隠れて住むのであった。「僕《あ》は……隠りて侍《さもら》ひなむ」（『古事記』上）という神託にもとづいて、人がそれを隠し祀るのである。それには呪具の工を用いた。隠微な神意の消息を示すために、のちには心を加えた。いまの常用漢字は、神隠れの呪具である工を除いてしまった。これでは隠れ蓑《みの》をとられたようなもので、神は神隠れに隠りますことが困難である。心なきわざをするものである。

## 18　余の効用

代名詞に用いる余は仮借、すなわち表音的用法で、その本義は長い針である。余を形体素とする字はみなその義によるものである。言も辛、すなわち長い針の形を形体

余◉

◎

素とする。古代の人びとは、このような長針をもつ器形に、一種の象徴的な意味を認めたのであろう。言における辛は自己詛盟を意味し、余は祓除の機能をもつものとされたようである。形体素のもつこのような意味は、それを含む文字の意味的な系列をなす。

余の器具としての実用的な機能は、外科的治療用のメスの役割をなすものであった。殷代後期はすでに農耕的な段階にあったが、それ以前の牧畜の経験もゆたかであったし、後期においても、祭祀には多くの犠牲が用いられている。このような供犠の経験を通じて、かれらの外科的な知見はかなり豊富なものであったと考えてよい。それでおそらく、化膿物の切除などは、最も簡単な治療に属していたであろう。盤を傍におき、長針の余をもって患部を切除することを兪《ゆ》という。盤の左は舟の形である。長針は曲刀、尖端に近く、切除を示す曲線をそえている。患部はこの切除によって治癒するのである。

兪◎

愈◎

患部の切除によって苦痛は去り、心はやすらぐ。その心的状態を愈という。愉も同じ字であるが、慣用のしかたが異なる。しかしいまは愈も癒も、当用漢字表にはない。

切除の除は、その字形から知られるように、神梯の前に余を立てた形である。神梯

除○

限◎

には種々の呪物や呪的行為によって、その神聖を護った。呪力をもつ邪眼を掲げて呵禁するものは限、艮の原形は邪眼の下に立ちすくむ人の姿をかく。呪器として土器の鬲《れき》（下ぶくれの足のある壺）をおくのは隔である。わが国では山の尾根などに甕《かめ》をおいて境界とし、甕の坂などとよぶ例が多い。甕は「斎瓮《いはひべ》を　忌《いは》ひほりする」（『万葉』三・三七九）というように、清めの神酒をみたす斎瓮として用いられ、これを山の尾根におくときは神霊が宿るとされた。それで隔は、神人の間を隔てる意である。

神梯の前におかれる余は、それ自身は何の用途もないものである。それで多くは声符と解されているが、それは決して単なる声符ではない。徐・途など同じ形体素をもつものに、字義が一貫しているからである。徐・途とはともに通路や足に余を加えることを示す字である。徐が徐緩の意味をもつのは、これによってその道途の安全が保証されるからである。途も呪器としての余を加えることによって、その呪詛が除かれ、

途◉

安全となった通路をいう。それは舍（舎）における余が、祝告の機能を無効にする呪力をもつのと同様である。舍・徐・途・除・叙など余を形体素とする字は、その声義においても一つの系列をなしている。

## 19　神梯の儀礼

陟◉

降◉

神梯◉

墜◎

土◉

神の陟降する神梯の前は、いわば神人の相交わるところである。天人の際とは、まさにその聖所を意味する。ここに咼をおいて神人の境とし、両者を隔てることはすでに述べた。そこに余を呪器として加えるのは除であるが、それは階除（階段）の意にも用い、祓除の意にも用いる。天上からこの神梯を伝って神の降り立たすところ、そこが地である。古くは墜（墜）とかかれ、それが正字である。

神の降り立たすところには土地の守護神として地主《じしゅ》が祀られた。地主は土の形で示す。そしてその場所を清めるために、犬の犠牲を用いた。犬は祓禳の儀礼に犠牲として多く用いられ、祓の旁《つくり》はその形である。本来の象形字がのちの字体に改められるとき、種々の筆画に移されるが、伏・祓・家・冢・類（類）・器（器）などはみな犬の犠牲を含む字である。類は天神に対する祭儀で、犬肉を焼いて臭いを天に達せしめる。然とは犬肉を焼く意象の字である。地上を風とともに移動する風蠱《ふうこ》とよばれる邪気に対しては、年末の大儺《だいだ》（鬼やらい）に城門に犬屍を磔《たく》してこれを防いだ。地下からも埋蠱《まいこ》とよばれる邪気が侵入するので、犬牲を地下に埋めた。

墜（地）下の道を隧《すい》という。地上だけでなく、地下の隧道にも犬牲を用いたのである。殷の安陽陵墓の墓室の棺槨の下には、正装のままの近衛の武官と犬牲とが埋められている。これを伏瘞《ふくえい》といい、伏とはその武人と犬牲とを合わせた字である。三伏というのは、夏の季節祭に犬牲を用いたのであろう。瘞とは地下に埋めることをいう。

神梯のある聖地には、まず地下の隧を清め、地上に土形の土主をおいて犬牲を供え、前方には邪眼を掲げて限界とし、また陥穴を設け、隅隈《ぐうわい》には畏るべき鬼魅《きみ》の類をおき、周辺の堆土には書を埋め隠して陼《と》とする。みなこの梯立《はしだて》の神聖を保つためである。ときには異族を殺して横木に架する、

邪眼◎

いわゆる祭梟《さいきょう》のことも行なわれたであろう。方は屍体を架した形、神梯の前の祭梟を防という。殷王の陵墓から発見された数千に及ぶ断首葬の事実から考えると、このような字形解釈は全く疑う余地のないことである。

阿は水涯とも、また山の偏高なるところともいう。そこは神々の住むところであり、

『楚辞』九歌の『山鬼《さんき》』には、山鬼のあらわれるところを「山の阿《くま》に人有るがごとし」と歌う。阿・隈はいずれも「くま」とよむ字である。阿は可声の字とされるが音は同

可◉　◎

じでなく、これは会意であろう。可は祝告を納めた𠙵を木の枝で呵《か》しながら、祈ることの実現を要求する意である。その礼を行なうところを阿という。『淮南子《えなんじ》』の『天文訓』に、「天阿なるものは群神の闕《けつ》(宮門)なり」とみえ、神梯は山中の懸崖絶壁のところにあったのであろう。わが国では梯立《はしだて》といい、「梯立の　倉梯《くらはし》山を　嶮《さが》しみと　岩懸《か》きかねて　わが手とらすも」(『仁徳記』)というのは、もと歌垣の歌であったらしい。そのような場所で歌垣が行なわれたのである。

神のたちあらわれる神梯の前には、その霊威を示す玉がおかれた。隙《げき》の旁《つくり》は、まるい玉の上下に光の放射するさまをしるしたものである。「あな玉はや　みたに　ふたわたらす」(『古事記』上)というような陸離たる玉光のもとに、神はあらわれるので

隙　陽◎

あろう。その姿のほのみえるものが隙である。また神梯の台上に玉がおかれ、その陽光の下照るさまを陽という。玉光を示す昜はあらゆる生命の根源ともされるものであるが、その

ような玉は、王位の象徴として玉座の前におかれる王、すなわち鉞頭《えつとう》の上部にも、象嵌として加えられ、その遺器が多く残されている。玉座の鉞はその玉によって皇々たる光輝を放った。皇がその字である。神梯の儀礼は、また王権の神聖性を顕示するためのものであった。

皇◎

## 20 行為と象徴

文字の構造において事物が象徴化されるように、人の行為もまた象徴化される。人が対象に霊的にはたらきかけ、その内部にまで浸透しようとするとき、人は主として視ること、聞くことなどの感覚器官に訴える。そのような行為は、対象の内的生命に直接に関与するものとして、日常的行為と区別される。

見は大きな眼が、また望はさらに遠くを望み見る眼が、強調してかかれている。特定の場合の見るという行為は、呪的なものであった。

見◎ ◎

媚◎ ◎

その呪力を強めるためにくまどりなどの媚飾をつけることがあり、その巫女は媚《び》とよばれた。この媚が、

呪霊をもつ虫、すなわち蠱《こ》の呪力を用いることもあり、媚蠱《びこ》ともいう。かれらは戦争のときには陣頭にあって鼓を伐ち、媚蠱を行なうので、戦いに勝つとまず敵の媚女を殺した。それが軽蔑の蔑で、また「なし」ともよむのは、これを殺すことによってその呪能を失わせるからである。

蔑◉ 

望◉  ◎ 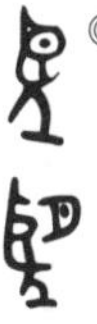

望（望）は望気といって、遥かな異族の敵状などを、雲気をみて察することである。卜辞には、殷の武丁が苦方を伐つにあたって、三千の媚女に命じて雲気を望ませたことがみえている。雲気のような自然現象のうちにも、人の世のことはすべて反映すると信じたのである。それで自然の声を聞いて将来を予測することもできた。そのような声を聞きうる人は聖人である。

見・望・聞・聖（聖）は、みな人の上にその器官としての目や耳を大きくしるしている。省略・誇張・転位などはみな一種の比喩法であり、象徴の手法である。人の行為を示す造字法には、この

図11　甲骨文　媚獣

形式をとるものが多い。

兄は親族称謂であるとともに、兄たるものは祖廟の祝告を司るものであることを示す。兄は祝《いの》（祝）るものであり、その祝《いのり》にこたえて神気のあらわれるのを兌《だ》という。悦《えつ》（悦）にしても脱《だつ》（脱）にしても、いずれもエクスタシーの状態をいう。

聞◉ ◎ 
聖◎ 
兄◉ ◎ 
祝◉ ◎ 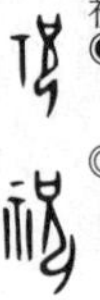
兌◉ 

呈 
逞◉ 

祀所を示す土の上で、口を頭上に高くさしあげるのは呈（呈）、神にみせることであるが、あまりにさし出た恣意的な行為は逞（逞）となる。程（程）は古い用例のみえぬ字であるが、あるいはその形式をとる農耕の儀礼に関する字であろう。

夋 

農耕の儀礼には田神や穀霊を祀る。田神を田夋《でんしゅん》という。夋はすきを頭部とする人の形に手足をつけた形。農業神稷《しょく》の字形は幼児の形に似ているが、おそらく穀霊の再生を示す穀童を意味していよう。穀霊に扮して田舞をする男は年、女は委であるが、これらはその字形を通じて、文字形成期におけるかれらの農耕生活をさながらに伝えている。かれらの象徴的方法をよみとることができれば、漢字の形体は、その映像のうちに古代の世界をみごとに再現してくれるのである。

# Ⅲ　古代の宗教

## 21 風と雲

文字が成立したのは、まだ神話的な世界観が人びとを支配していた時期のことである。神話的な世界観はその社会的秩序のありかたを反映するものとされているが、神話的に秩序づけられた自然界の姿は、そのまま王朝の支配秩序を反映するものであった。

卜辞によると、四方にはそれぞれその方域を司る方神がおり、方神はその方域を治めるために、風行する鳥形の神を従えていた。これはおそらく地上において、北御史衛とか西史召といわれるように、四方におかれた史官、すなわち王朝の祭祀を代行する聖職者をおく支配秩序と、対応をなすものであろう。鳥形の神は風神である。風はこの鳥形の神が、方神の使者として往来風行するその羽ばたきである。およそ自然の世界に、単なる現象というものはありえない。現象は何らかの実体のあらわれとみるべきものである。

風◉

空を流れただよう雲にも、精霊がある。それは龍の形をしたものであった。雲の初

図12　龍を使うもの

云◉

文である云の字形は、雲気のただよう下に、龍尾を捲く形がみえる姿である。雲上に住む龍という観念は、どこから生まれたのか知られない。ともかく精霊たるものには、実体がなくてはならないのである。

このように現象の深部に実体をみるという古代人の思惟は、

旬◉　◎

さらに観念の世界にも延長される。卜辞では十日を旬《じゅん》といい、旬末の癸《き》の日に次の一旬の吉凶を卜することが行なわれた。これを卜旬という。それは安陽期を通じて行なわれているが、吉凶を卜することはむしろ第二義的なものにすぎず、このような形式によって王がその時間を修祓し、支配する儀礼として行なわれたものと思われる。この卜占儀礼によって、次の十日にわたる時間が清められて、王の支配に属するものとなる。

旬もまた雲と同じように、字の下部は尾を捲いた龍の形である。金文の字形には、そのなかに日の形を加えているものがあるから、この龍は日をまもる天上の霊獣とされていたものかもしれない。しかしそれにしても、旬とは十日をいう語である。それは時間にすぎない。だがそのようなものを抽象と考えるのはのちの思惟のしかたであって、古代人にとって、時間と空間とはつねに満たされているある実体であり、祭祀や呪術はすべてそれを前提として成立する。それはある霊性の獣によって衛られている実在のものである。

龍◉ ◎

虎◉

卜辞や金文には、龍（竜）・龔・龕などの字がみえる。おそらく龍を使うことを職掌とする部族もいたのであろう。『左伝』昭公二十九年には龍を豢《やしな》って呪的に使役する豢龍氏《けんりょうし》の話などもみえている。龍の字形は、辛形の冠を戴く形にかかれている。それはさきの風にも、また図象風にしるされた虎にも加えられているもので、のちの青龍・朱鳳・白虎など、四霊の観念への発展を推測させる。四霊の観念が、このような霊獣の観念に発するものであることは、ほぼ疑いのないことであろう。

# 22 鳥形霊

神話的な世界観のなかでは、鳥獣はみな精霊であり、精霊の化身であった。鳥の飛びかうさまや獣のたたずまいにも、何らかの啓示的な意味が含まれている。甲骨文・

鳴◉

唯◉　◎
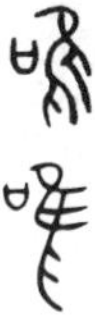

金文を通じて、口耳の口かとも思われる字形は、ただ鳴・唯の二字だけである。しかしこれとても、鳥の鳴声をいう字であるかどうかはなお定めがたい。それは鳥を鳥形の霊とする考えかたが、古代においてははなはだ一般的であったからである。文字は現象を現象的に写すのでなく、現象の示す意味を形象化するところに成立した。

唯は古代の文字としては用義例が多く、金文では隹の形をも用いるが、文のはじめに「隹《こ》れ王の元年」のようにいうほか、動詞の「あり」、並列の「と」、「公唯《の》寿」のような所有格を示す助詞、また「小子と隹《いへど》も」のように雖の義に用いる。

雖◎

従ってその本義の把握しにくい字である。しかし字形の上では、雖の字が唯の本義を解く手懸りとなりそうである。字書には、雖は蜥蜴《せきえき》（とかげ）に似た大

きな虫であるというが、その義に用いた例はない。唯は鳥占いによって肯定、承認されることをいう。ゆえに唯諾の意がある。𠙵の下の虫は、その祈りの器に、邪霊をもつ虫、すなわち蠱が附着する形である。「雖なる者は与奪の辞なり」（『易』象下伝、疏）といわれるように、停止の条件をつけ、留保する意を示す字であろう。隹は神意を伝

進◎

える使者である。それは進が、鳥の状態によって進行を導く意であるらしいことと同じである。それならば唯・雖・進は、いわゆる鳥占を示す字であろう。

應（応）答というときの應は、古くは雁とかかれた。その字形にはなお明ら

雁◎

かでないところもあるが、應とは、神意を問うという人の行為に対して、神が応答する意を示す形であるらしい。鳥は鷹、ここでも神の使者なのである。あるいはそれは、祖霊の化身であるのかもしれない。鷹狩は、古くは「誓《うけ》ひ狩《がり》」（『神功皇后前紀』）として行なわれた。それに対する反応が應である。

奪は手にもつ隹《とり》を失う意である（『説文』四上）とされる。しかし鳥を手にもつことは、普通にはないことである。金文の字形によると、それは衣の中に隹がかかれている。この衣はおそらく卒衣、死者の経《きよう》帷子《かたびら》の類であろう。哀・衰・睘・襄・褢などの死喪の礼は、すべてその衣襟に呪器などを加える字形である。それならば衣襟から

奪◎

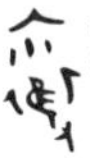

隹が奪去するのは、その霊が鳥形となって肉体を離れ、飛翔することを示す字でなければならない。その状態を脱（脱）という。兌《だ》はもとエクスタシーの状態をいう字であるから、奪とその声義において通ずるのである。

鳥となって奪去した祖霊は、季節を定めて故郷の水辺にもどる。群をなして時処をたがえずにかえりくる渡り鳥の姿を、人びとは祖霊の化身と信じたであろう。そこに宮廟をたて、水をめぐらして聖所とした。その宮廟は明堂霊台、聖所は璧雝《へきよう》とよばれた。璧のように周囲に水をめぐらし、宮廟を営み、隹《とり》の舞うところは雝《よう》である。『詩経』の大雅『霊台』によると、そこには神鹿が放たれ、白鳥が遊んでいる。いわゆる放ち鳥である。

雝◉　◎

## 23　蛇形の神

雝の字形のうちに含まれている虫は、鳥占によって神意を問う儀礼に、虫形の呪霊が附着していることを示している。虫には呪霊をもつものが多く、媚蠱《びこ》とよばれる呪的な方法は、壺中に入れた大小百匹の虫の最後に生き残ったものが、すぐれた呪能をもつものとして、呪詛に用いられたのである。図象標識のうち、虫形のものはそのような呪術を伝える部族であると思われ、『左伝』にみえる豢龍氏なども、そのようなトーテム族のなごりであろう。かりに天黿《てんげん》とよばれている図象も、人の下に亀形の爬虫類を加えたもので、その類のものである。

天黿◎

蛇形のものを祀るのが祀であった。わが国では夜刀《やと》の神とよばれるものである。夜刀はヤチ、湿地のことであり、その方言は愛知・静岡以東に分布しているから、もとは東北異族の間にあった信仰かと思われる。中国では南方にその俗が盛んであったらしく、虫を飼うて呪詛を行なう媚蠱の俗は、苗族《びょうぞく》の間にさかんであったとされている。しかし媚蠱の俗は殷の時代から行なわれており、卜辞にもその語がみえている。風蠱・埋蠱のことも知られていたことは、殷王陵墓にみえる伏瘞《ふくえい》のことからも推測される。

改むとは新たにすることであり、生まれかわることである。その語根は「生《あ》る」と関係があるようである。改むとは、死して生きることである。その字はもと蛇形の呪霊を殴《う》つ形であるから、字としては攺とかくのが正しい。のち改としたのは、己が字の音と近く、形声の字と解されたから

改◉

敗◉　◎

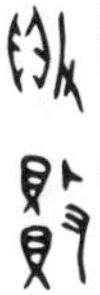

であろうが、旁《つくり》に攴《ぼく》をつけているものは、何かを殴つ意象を示すものであり、本来は会意字であるべきものである。敗は貝を殴ってその呪能を害なうことである。敍（叙）は余を殴って、おそらくその呪能を強めることである。寇は廟中に虜囚の頭を殴って、敵を呪詛することである。

救◎

救は獣毛のある獣（裘）を殴って、呪詛を祓い救うための呪術である。それらはいずれも、呪力あるものに殴撃を加えて、その呪力を利用する共感呪術を示す字形である。

蛇形の呪霊を殴つことが攺となるのは、蛇の脱皮に類似の意味を認めたものであるかもしれない。この原生動物的な爬虫類の底気味の悪さは、それだけでも呪能を思わせるに十分であるが、生態のふしぎさがさらに神秘感を加える。また毛深い獣も、恐ろしい呪霊を感じさせる。毅《かい》攺《かい》というのは邪気よけの呪符であるが、毅はその毛深い獣を殴つ儀礼を示す字である。

毅

## 24 弾劾について

弾劾《だんがい》の劾は、𣪠とかくべき字である。弾劾も𣪠攺も、本来は同じ意味の呪的行為であるからである。弾劾とは邪気をはらうことで、弾は弓、劾には呪霊のある獣を用いる。邪気を祓うために、弓弦を引いて鳴らす鳴弦の儀が弾である。重要な儀礼が行なわれるとき、その式場を清めるために鳴弦のことが行なわれ、また夜中などに邪気を遠ざけるのに弓弭《ゆはず》を鳴らしたりしたものである。弓神事としての競射や流鏑馬《やぶさめ》は古い起源をもつものであるらしく、競射のことは西周中期の金文にすでにみえている。射を左右両班に分けて行なうのは、盟誓や占卜の意味などがあったのであろう。

𣪠は悪霊の駆除のために行なわれる共感呪術である。呪霊をもつ動物は、人を呪詛するのに用いられた。その呪詛を受けたものは、これと同種の動物に同様の呪詛の方法を加えることによって、これを撃退し、その呪詛を免れることができた。祟は祟《たたり》をなす動物霊である。その呪能によって己《おのれ》に加えられている呪詛は、この祟をなす動物を殴つことによってこれを免れること

祟◉ ◎

殺◎ 

方◉  ◎ 

放◎ 

ができる。それを殺という。その呪詛を減殺《げんさい》し、禍害を弱めうるのである。同じ方法に、人を用いることもあった。人の屍体を架した形は方であり、これを殴つを放という。放逐の放である。白骨化した残骨を殴つこともあり、それは敫《きょう》であり、㱿《かく》である。人の臀部を殴つことを殿という。臀《しり》うちは民俗として行なわれることも多く、尻打祭のように行事化している例などもある。

　豙に用いられている動物は、字形からいえば亥すなわち猪であるが、おそらく毫毛の獣であろう。呪霊をもつその獣は、豕《し》の上に辛形の冠飾を加えることもあり、それを殴つ字は毅である。豙と毅とは、声義の上にも関係があるように思われる。劇や遽の字に含まれる豦《きょ》も同じものであるかもしれない。それならば虎頭に近い獣である。いずれも頭音の近い語と思われる。

　豙改はまた剛卯《ごうぼう》ともよばれる呪符である。漢の時代に群凶邪気を祓う呪符として、正月の卯《う》の日に、桃の木で長さ三寸、幅五分の四角の木に、四言句の呪文をしるし、これを紐で腰にさげた。道家では豙鬼符《かいきふ》といって、邪鬼除けに用いたものである。わが国の卯杖《うづえ》や卯槌《うづち》の習俗も、その源をさぐるとこの剛卯から出ており、さらに遡ると㱾攺となる。攺の卜文は、虫を殴って血のしたたるなまなましい形象である。それはアニミズムの時代の呪術であった。

議政壇上で、政治家や官吏の不法や汚濁を告発することを弾劾という。正しくは弾㱾というべく、この二字はいずれも邪鬼をはらう方法である。ことばの本来の意味において、その用語はまさにふさわしいというべきであろう。

## 25　殴つこと

殴つという行為は、精霊にはたらきかけるのに、最も有効な手段であったようである。それは攻撃にも防禦にも用いられた。殴つことによって呪能は刺激され、鼓舞された。そのうちでも、人を殴つ行為は最もきびしいもので、身重の人を殴つ殷は、朱《しゅ》殷《あん》と熟して用い、紅血に血塗られることをいう。その呪的目的は知られていない。古代王朝の商を殷ともいうのは、一種の蔑称であったと考えられる。

微◎

微とは、長髪の人を路上に殴つ形である。長髪の人はおそらく媚女であろう。呪詛をなす媚女を殴つことによってその力を微弱にし、無効にしようと

する。すなわち殺・蔑とも通ずるものがあり、微もまた「なし」とよむ字である。徴も同じ意象の字であるが、これは積極的に要求の実現を求めること、すなわち徴求の意であり、また懲罰をも意味する。微・徴の山の形の部分は長髪の象である。

そのような殴撃にも屈しないものを敖・傲という。長髪の人は、ときには長老であり、また巫祝であった。傲はおそらく長老者であろう。その相争う言を嗷《ごう》という。『詩』斉風の『載駆』にみえる遊遨とは、敵を軽んじて示威行動をすることである。

祭祀に従う婦人は、髪を結いあげ、多くの簪《しん》飾を加える。妻・毒・齊（斉）などはみな簪飾の形を加えたものであるが、髪を幾重にもたばねあげた形は婁《ろう》である。この婦人に殴撃を加えることも、呪的な行為なのであろう。數《さく》（数）はその髪のちぢに乱れることをいう字であるが、また責求の意にも用いる。婦人を殴つ形であることからも、責めるというのが字の原義であろう。

呪的な効用を求めて殴つものは、獣や人のみではない。神に対しても、威力行為に及ぶことがある。⊔は神への祈りを示す祝告の器であるが、その祈りの実現を求めて、これを木の枝で殴ったものである。鞭を加えるにひとしい。その字は可。呵して神の許可を求め、これによってことは可能となる。その叫び声が呵であるが、それが訶《か》となり歌となる。抑揚をつけ、リズムをつけて、のりとのように、おのずから声調をなしたのであろう。

区◉  ◎  ○ 

祈りは匿《かく》れた場所で秘密のうちに行なわれることが多かった。區(区)とは、多くの⊔を匿しておいた特定の場所である。そこで可と同じように、この多くの祝告に対してその呪能を

殴◎ 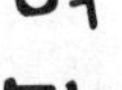 ○ 

責める呵責行為がなされる。それが毆(殴)である。そしてそのときの呪誦が謳《おう》とよばれる。謳歌とは太平をうたう和気にみちた歌声ではない。神に祈りの実現を求めて呵責する怒りの声である。歌《うた》は「訴ふ」の意とする語源説もあるが、歌・謳はまさにその字である。

病気も、神聖病といわれるような原因の知られないものは、これを祓う以外に方法はなかった。醫(医)の最も古い字形は医である。それは區と同じように、匿れた秘密の場所に、呪器としての矢をおいて、その呪能によって邪気を祓う意象の字である。

殹◎ 

その呪能を刺激するために、これにも殴撃を加えた。それは殹《えい》である。殹はうめくような悪声をいうとされているが、祈るときの般若声《はんにゃごえ》とみてよい。医術はその当時、呪師・巫医の司るところであったから、殹の下に巫をつけて毉とし、

のち酒を百薬の長というので醫の字が生まれた。いまや当用漢字は巫や酒を廃し、殹つことを廃して医となった。太古の呪術の姿にかえったわけである。

## 26　族盟の方法

古代の社会は、氏族制を基礎とするものであった。氏族は祖霊を中心とする霊的な結合体であり、その組織がすべての秩序の根本である。それで祖祭は、氏族結合の最も重要な儀礼であった。氏族的紐帯を確かめるための種々の儀礼は、すべて祖祭のときに行なわれ、あるいは祖霊の前で行なわれた。

氏◎

氏は曲刀の形である。その刃部は細く屈曲していて、肉を切りとるのに適している。これが血縁体としての氏を意味するのは、おそらく氏族共餐のときに、この氏が用いられるからであろう。その突き立てられた形は氏、根底を意味する字である。

族◉

◎

族は吹き流しを著けた旗のもとに矢がしるされており、その会意字である。戦いのとき、矢が軍旗に向かって集中するので

矢◉ ◎

族《あつ》まる意とするのは俗説で、旗は氏族の徽号《きごう》であり、矢はそのもとで行なわれる族盟を意味する。氏も族も、いずれも氏族の血縁的紐帯を確かめるための儀礼のしかた、氏族の共餐や族盟の形式を字形化したものとみるべきである。

旗に関する字は、ほとんどが形声字である。旂《き》・旗《き》・旌《せい》・旐《ちょう》などみな形声にすぎないが、族・斿・旅など甲骨文や金文に用例のあるものは会意字であり、旗のもつ機能を示している。

斿◉ ◎

斿は遊のもとの字で、旗をもつ人の姿である。その旗は、氏族の標識を加えた族徽《ぞくき》であった。古代の人びとは、みずからの住むうぶすなの地を離れるとき、すなわちその守護霊の守護の範囲から外に出るときには、その守護霊を遷した族旗を掲げて行動した。遊とは故郷より離れること、旅に出ることを意味する。旅に出るときには、その旗を奉ずるのである。旗はいわば、氏族の守護霊を斎《いわ》いこめたものであるから、氏族の集団が出行するときには、そのもとで軍礼としての誓約が行なわれた。それが族であり、族とは軍事的共同体である。

旅◉ ◎

字の形象からいえば、氏は氏族共餐の儀礼に関しており、族は軍事的盟誓の儀礼に関している。氏は祖祭を中心とする族員の血縁的秩序、族は軍団結成の秩序に関する字とすることができよう。のちの用義例の上からみても、氏は祭祀的、族は軍事的行動のときに用いられる傾向がある。わが国の「うぢ」「やから」にほぼあたる語と考えてよい。

兄弟朋友とは、氏族内の年齢階層的な同輩者をいう。朋は前後に荷い分ける一連の貝をいう語であり、その象形字。友の初文は㫏、さきにも述べたように、盟書である曰の上に両者の手を載せて、族盟を行なうことをいう。氏族員として、死生を倶にする盟約のあるものを朋友といった。「兄弟に友に」というのが本義であり、同志を友とよぶ『論語』学而篇の用法などは、かなりのちの用義である。

朋◎

## 27　道路の呪術

道路は外部の世界に連なる、最も危険な場所であった。それでその要所には道祖神を祭り、道路の分れめには岐《ふなど》の神、また境界にあたるところには塞《さえ》の神をおいた。その神は男女二神の石神《しやくじん》の形をとることもあり、精霊《しようりよう》送りや虫送りなどを行なう。塞は呪具の工を塡塞《てんそく》した形の字で、神聖病をもたらす疫病神《えやみのかみ》も、ここからは入ることができない。そこは「塞《さや》ります」神のあるところである。

術

道路では、まことに多くの呪術が行なわれた。術とは、行路において動物霊を用い、相手に呪詛を行なうことで、朮はその動物の形である。その呪詛は呪言によることもあり、それは衒《げん》とよばれた。白香《しらか》のような糸たばを用いることもあり、その糸たばの形である玄を加えて衒《げん》ともいう。そのような行為を妖衒《ようげん》ともいうが、衒はまた幻《げん》と声義の近い語である。幻術は本来、道路においてなされる妖術の法である。

象徴的な方法として余を用いることは、さきに述べた。針形の器である余を地にうちこんで、地下にひそむ呪霊を祓う方法である。このようにして祓い清められたものが途であり、除・徐・叙などはみな一系の字である。

道◎

道とは恐るべき字で、異族の首を携えてゆくことを意味する。金文の道の字は導の形にかかれ、首を手にもつ象である。それは戦争などのために敵地に赴く軍を、先導するときに用いられる。そのとき異族の首を、呪具とした

のであろう。首狩りの俗が行なわれたのも、そのような呪的行為に用いる必要からであった。苗族のものと思われる銅鼓の鼓面の図には、頭に長い羽毛を飾る戦士たちが、生首を携えて舟に乗り、銅鼓をうちならしながら進む図柄がある。江《こう》・淮《わい》の域には、そのような断首祭梟の俗があったのであろう。

辺境の呵禁には、主としてこの断首祭梟の俗が行なわれた。放が屍体を架してこれ

敫

白◉

を殴つ放逐の儀礼であることはすでに述べたが、その放に頭骨を具している形は敫《きょう》である。白は頭骨の象。これを道におくところは徼《きょう》、辺《へん》徼《きょう》とは辺塞を意味する字である。そのように白骨化した屍体を殴つことは、これを激してその呪霊を邀《むか》え、呪禁の効を徼《もと》めるものであり、その枯骨は色を失って皦《きょう》白、これをたたけば噭《きょう》然たる音を発するが、それは内部が空竅《くうきょう》となっているからである。その激するところを文に載せたものを檄《げき》という。放・敫に従う字はみなこの祭梟の俗によるものである。

辺◎

◎

邀《よう》は「邀《むか》へる」とよむ字であるが、敵を邀えて呪的にこれに対抗することをいう。そのとき梟首を仰むけて鼻（自）を上に向けた形は邊（辺）である。自は鼻の形で鼻の初文。これを辺徼において呪禁とし

𠂤◉  ◉  ◎ 

たのである。のち東南アジアの諸島の髑髏棚にもみられるこのような祭梟の俗は、文字の形成期には中国の周辺部においても行なわれていたものであろう。

## 28 軍社の礼

𠂤◉  ◎ 

𠂤《し》を『説文』十四上大徐本に堆《たい》の音にして堆土の形と解しており、従来はほとんどその解釈に拠っている。𨸏（阜《ふ》）を大きな陸《おか》の象形とするのと関連する考えかたであるが、いずれも誤りである。𨸏が神の陟降する神梯の象であることは、すでにⅡ-19に述べた。𠂤も堆土などとは関係はなく、大きな肉片の形である。軍が出行するとき、廟や軍社に祀って戦勝を祈願し、その祭肉を奉じて軍を進めた。𠂤はその祭肉の胾《し》（大きな切肉）の象形字である。胾の古い字形は、肉の部分を𠂤の形に作っている。

餗◉  ◎ 

甲骨文や金文では、𠂤は軍団を指し、また師長を意味した。軍の駐屯地では軍社をきずいて、その前に𠂤をおいた。餗《し》がその字で、土の上に木を樹てて

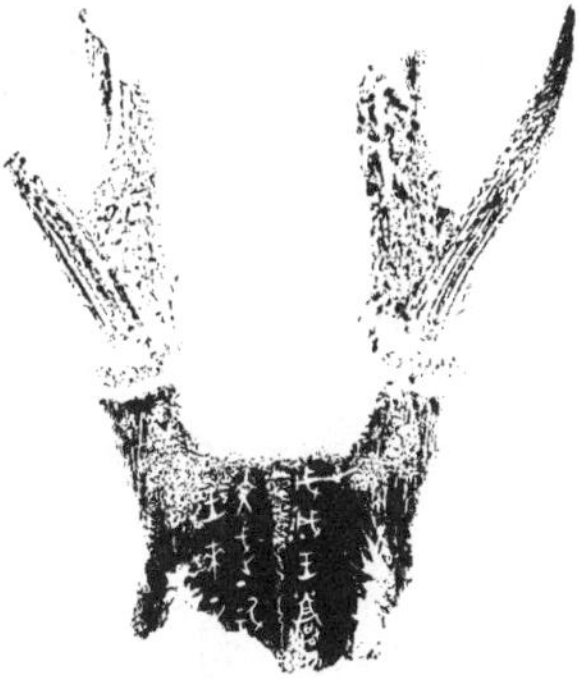

図13　鹿頭刻辞　祭祀の犠牲

いるのは神桿《しんかん》である。祭肉である𠂤には、軍の守護霊が宿ると考えられた。それで建物のなかにこれを安置することもあり、これを官という。館の初文である。官はまた軍官を意味した。

敵を追撃するときに派遣される軍も、この祭肉を奉じて出発した。それは追である。獣を逐うときには逐の字を用いるので、追と逐とはその行動の対象が異なるのである。軍を派遣することを意味する遣は、この祭肉を携えて出発することを示す字である。

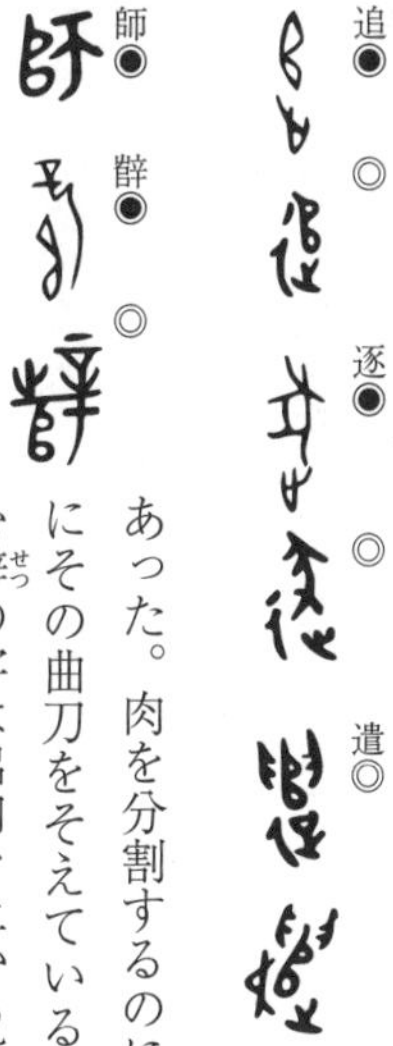


師長たるものは、この保護霊の宿る祭肉を取り扱う権限をもつものであった。肉を分割するのには、細い刃の曲刀を用いる。師は𠂤にその曲刀をそえている形である。また「辥《をさ》む」（治む）とよむ辥《せつ》の字は𠂤肉を上から繋けて、これに把手のある大きな曲刀

を加えている形で、師と立意の同じ字とみられる。このように𠂤肉を割截《かつせつ》するのは、前線で作戦の必要上、その兵力を分遣するときに、やはり祭肉を携行させるためであろう。

櫱《ひこばえ》は、切り株からまた新しい芽が出たものをいう。孼《げつ》はわざわいとよむ字で、妖《よう》孼《げつ》のように用いるが、櫱は分肉のことからの派生義であるらしく、孼はその祭肉に禍害が加えられたことをいう字と思われる。いずれも、軍の保護霊の宿る祭肉の取り扱いから、その義をえているものであろう。金文には辥《せつ》に乂《がい》を加えて、「おさむ」とよむ用法がある。乂も「おさむ」とよむ字で、やはり鋏《はさみ》形の刃器であろう。

軍事が終わって凱旋《がいせん》するとき、またこの祭肉を奉じて帰り、これを祖廟や軍社に報告する儀礼を行なう。祭肉は脤《しん》とよばれるので、これを帰脤《きしん》の礼という。出行のときに受けて出た祭肉を、また奉納するのである。このとき廟中は、束茅《そくぼう》とよばれる帚《ほうき》の形のものに酒をふりそそいで祭壇を清め、𠂤肉を安置した。この帰脤の礼が本義である歸（帰）は𠂤と帚とから成り、のちに止が加えられた。それに帰嫁の意が生じたのは、なおのちのことであろう。𠂤を従来のように堆土の形と解していては、これらの𠂤

帰◉ ◎

系の字義を説くことはすべて困難である。

## 29　講和について

講和はまた媾《こう》和とかかれるが、媾には和好の意がある。字面からみても、その字はいかにも和好の気象にみちているが、字の本義は必ずしもそうではない。

和◎

両禾◉

標木◉

和は休戦条約、それも軍門における降伏調印を意味する字である。禾《か》は穀物の禾ではなく、この字の場合には軍門を意味する。それは上部に袖木をつけた高い神桿である。旧中国の時代に、都大路にひしめくように飾られて立ち並んでいた華表（鳥居に似た飾りのある標柱）が、そのなごりの姿であった。古くは桓《かん》表、また和《か》表ともよばれていたもので、上古の世には聖王が民の訴えごとを受ける箱を、この柱にとりつけていたともいう。それを軍門に立てたのは、神の臨む神木であったからであろう。左右の両禾を軍門とするのは、金文の図象にその形のものがある。ときには城門の上に高く、その標《しめ》木《き》を立てていることがある。

休◉ ◎
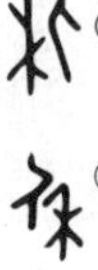

休の古い字形も、やはりこの禾の形をもつ字である。それで郭沫若氏は、軍事行動中には農作物の上にでも軍を休めたので、この字形が生まれたと解した。休を休息の意味としているのであるが、休の本義は戦功によって旌表《せいひょう》を受ける意であり、西周期の金文では、功によって天子から賜賞を与えられ、その恩寵に感謝することを、「天子の休《たまもの》に対揚《たいよう》（こたえる）す」という。

暦◎

蔑◎

軍功の旌表は、軍門の両禾の前で行なわれた。軍功を暦（暦）という。両禾軍門の前に曰をおく。その軍功を神に告げるのである。敵の陣頭にあった巫女の媚は殺された。その字は蔑であるが、その蔑に禾をそえた形のものがある。やはり軍門の意である。蔑暦というのは軍功を旌表する意に用いられる。

軍事に関する重要な儀礼は、つねにこの両禾軍門の前で行なわれた。媾和のことも、もちろんである。軍門の禾の前に、神に誓うのりとをおいて自己詛盟を行なう。それは敗者のなすところである。和とは降服の儀礼である。

媾和という語は、あまり古い文献にはみえていない。しかしこの語には、降服者の苦渋にみちた歎きがこめられているように思う。媾は、西周の金文に通婚を婚媾《こんこう》とい

冓◉　◎

爯◉　◎

い、女を贈ることをいう。冓は両端の織物が、中央で連接している形である。織物を途中で織りかえすのを再《さい》といい、織物に用いる糸数を三十称・五十称のようによぶ。称の本字は稱、爯《しよう》は紡錘の垂れる形であり、これをつなぐのが冓である。それで遘・媾とは双方から相接する意であるが、結婚の祝飾りには、組紐を結びつないだものである。それを『詩経』豳風《ひんぷう》の『東山《とうざん》』には「縭《り》を結ぶ」という。『万葉』にも、男女が相約するときは、たがいの下紐を結び合った。媾は結婚を意味するが、媾和というのは和議のしるしに婦人の引渡しなどもしたのであろう。字形学的にみてゆくと、文字は失われた人間生活の歴史を、まざまざと回復してみせるのである。

## 30　農耕の儀礼

農耕社会では、季節的に行なわれる農耕の儀礼が、その生活の基調をなしている。生活の基礎は、もっぱら農作の豊凶にかかっているからである。卜辞には「年《みのり》あるか」という卜いが多く行なわれているが、豊凶を決するものは天候と虫害とである。天候のことは神に祈るよりほかないとしても、虫害はおそらく耕作の用器などにひそむ邪気のなすところであろう。それで農土や種籾《たねもみ》などはもとより、鋤《すき》・鍬《くわ》の類をも清める儀礼が行なわれた。農具を清め祓うことを嘉という。嘉は嘉穀《かこく》のように、清められた作物をいう語である。

加◎

冊◎

嘉は加から出ている字である。力はすきの形。それに祈りの𠙵をそえたものが加であるから、加はすきを清める儀礼である。金文の図象には、すきに冊をそえている字形がある。冊は犠牲を養うところの扉の形で、犠牲を用いる意味を示すことがある。農具にけがれがあると秋になって虫害を生ずるので、耕作のときに器具を清めておくのである。

嘉◎

加に鼓の形をそえたものが嘉である。器具などにひそむ邪霊を逐い出すのには、鳴りひびく鼓の音が有効とされた。すさまじい振動音を、かれらは効果の高いものとして好んだのである。もとより他にも呪的な方法はいろいろあって、たとえば丹青などを加えて聖化する手段もあった。それは靜（静）である。すきに𠙵をそえ、丹青の色を塗ると、邪気は近づきがたいのである。

静◎

『詩経』大雅の『既酔』に「籩《へん》豆（穀物を盛る器）静嘉《せいか》」という句があり、神

にささげる粢盛《しせい》（供える穀物）の清らかなことをいうが、静嘉の二字はもとは農具としてのすきを清め祓う意味であった。

台◎

台もくわを清め祓うことを本義とする。古くから代名詞の「われ」に用いられてその本義は失われてしまったが、治・始・怡などの字義のうちに、なおその初義をとどめている。

畿は田土に対する清めを行なう意であろう。幾（幾）は戈《か》に呪飾をつけて邪気を祓うことであるが、それで田土を清める。譏もそれによって邪霊を逐うことである。近畿とは、このようにして祓い清められ、邪霊異神の住みつく恐れのないところである。

力を筋力とする俗説が誤りであることは、加・嘉・静の字形からも知られるが、劦《きょう》は協力、共同耕作をいう。農具が擬人化された形が夋《しゅん》・㽙《しゅん》（畯）・畟《しょく》であることはすでに述べた。男を田で力仕事をする者などというのも誤りで、それは農地の管理者をいう。すきを執って耕作することを動という。童と力の会意、童は額《ひたい》に入墨を受け、髪を結ばないわらわ髪の奴隷である。労働とは耕作のことで、勞（労）の古い字形はみられないが、両火を交叉した下にすきをおく。台と同じように農具を

劦◉

畯◎

男◎

童◎

労◎

清める儀式か、耕作を終わって農具を神倉に納めるときに聖火を加えたものか。後の場合ならば「労《いたわ》り」の意味も出てくることになろう。どこの国のことばでも、農業ははげしい労働を意味する語と同義とされているが、労働という語もまたすきの形を含んでいて、農耕を意味する語であった。

# Ⅳ　霊の行方

# 31 生と命

あらゆるものは生命の連続のなかに生きる。その連続の過程をどれだけ充たしてゆくことができるのか、そこに生きることの意味があるといえよう。

生◉ ◎

生とは自然的生である。細胞の活動に支えられるものには、すべて生がある。それで生は、草の生い茂る形で示される。一つの時期を過ぎて結節点が加えられると、世となる。世代の意である。人の世の横への広がりは姓である。姓とは血縁的集団をいう。

世◎

自然的生のなかでは、生きることの意味は問われていない。その意味を問うものは命《めい》にほかならない。命ははじめ令とかかれた。礼冠を著けた人が跪《ひざまず》いて、しずかに神の啓示を受けている。おそらく聖職のものであろう。その啓示は、神がその人を通じて実現を求めるところの、神意であった。のちには𠙵をそえるが、その祈りに対して与えられる神意が命である。生きることの意味は、この命を自覚することによって与え

令◉ ◎

命◎

られる。いわゆる天命である。『論語』尭曰篇に「命を知らずんば、以て君子たることなきなり」というのはその意である。当為として与えられたもの、それへの自覚と献身は、その字の形象のうちにすでに存するものであった。

加はさきにしるしたように農耕儀礼に関する字であるが、卜辞ではその字を男子の出生の意味にも用いる。いまの字でいえば、嘉にあたる字である。それで「嘉なるか」とトするものは男子の出生、「嘉ならざるか」とは女子の出生を問うことであった。すでに明らかに父系の時代である。

賀◎

貝◉　◎

賀も加の系列の字である。下にそえられている貝は、おそらく子安貝とみられる。従って賀とは、男子の出生を祈り祝福する意であり、子安貝は性的象徴の意味をもつ呪具である。貝はある場合には生命の象徴であった。特に女子は、首飾りとして貝を通した紐をかけた。嬰《えい》・纓《えい》がその字である。わが国では「うなぐ」「うながす」とよむ。「吾が頸《うな》げる　珠の七條《ななつを》」（『万葉』十六・三八七五）、「浜菜摘む　海人《あま》処女らが　うなげる　領巾《ひれ》も照るがに　手に巻ける　玉もゆららに」（『万葉』十三・三二四三）、あるいは「天なるや　弟たなばたの　うながせる　玉のみ

嬰◎

すまる」（『神代記』）のようにいうが、纓は本来は貝を用いたものであろう。また貝の形を玉で作ったものもある。農耕儀礼は生殖儀礼と関連の深いものであるから、加・嘉・賀の字形の展開の上にも、そのような観念がはたらいているのである。

来◉ ◎

天から与えられた恩恵を賚《らい》という。來は来麦《らいばく》で作物であり、貝は子安貝であろう。貝が財宝の意とされるのは、子安貝の呪能が一族の繁栄の基礎として尊ばれるからである。生命の連続のために、この両者は最も重要なものであり、ゆえに賚は天の恩寵を意味するのである。

## 32　玉衣

玉衣《たまぎぬ》は魂衣である。玉衣といっても、金糸銀糸で玉を綴り合わせた漢代貴族たちの死の衣裳ではない。古代の人びとは象徴主義者であるから、一条の領巾《ひれ》にも生命の神秘を託したのである。

保はかつて最高の聖職者であった。太保は太師、太傅《ふ》とともに周の三公の一人とされるが、殷周期にみえるものは太保のみであり、その職は即位継体の礼を掌るものであった。『書経』の『顧命《こめい》』篇には、太保の司会するその儀礼の次第がしるされている。周王朝の創業をたすけたものは周公と召公とであるが、周公の家はそののち明保と称し、召公の家は太保と号した。太保を図象的にしるしている例もあって、特別の職掌をもつ聖職者の家とされていたことが知られる。召公は金文では皇天尹大保といわれ、それが正号であった。

保◎

保の字形は、人が子を負う形である。その子は左右の手を一上一下しており、王子の身分であることが示されている。その頭上には玉を載せる。玉は国語で魂とも音が通じているように、霊魂の観念をもつ。それで保の字形は、新生の子の受霊の儀式を示すものであることが知られる。子のすその方に、わずかにそえられている斜の線が、玉衣である。実際の儀礼では、おそらく初生の子をその玉衣に包んだものかと思われる。わが国の真床覆衾《まとこおふふすま》に似たものであろう。そのなかで、受霊が行なわれるのである。

衣は魂を包む玉衣であった。大嘗会の秘儀にも衣衾が用いられるが、衾をともにすることが、合体や受霊の象徴的な方法とされたのである。『書経』の『顧命』篇の儀礼では、前王の衣裳を新王に伝えるという形式をとる。わが国の「ころも」は、膚に直接ふれる下着をいう語であったらしい。

彥◎

人が生まれると、ひたいに文身をつけるので、産（產）の上部には文身の文を加える。金文には産の生の部分に初を加えている字がある。これは産衣であり、またいわゆる玉衣であろう。「珠衣《たまきぬ》の　さゐさゐしづみ」（『万葉』四・五〇三）というように、そのきぬずれの音が魂のよりそうしるしであった。

玉に霊的なものを認めることは、古代には普遍的なものであった。生まれた子には、ただちに玉をもたせた。よい霊を導くために、その手に握らせるものが玩弄である。

弄◎

玩は形声字であるが、偏の玉はあるいは保の字形にみえる頭上の玉であるかもしれない。弄は両手に玉をもつ字である。

安●◎

女の子には、おそらく纓《えい》（貝を通した紐）を加えたであろう。また安の字は、女の下に保の字と同じく玉衣をそえている。『詩経』の小雅『斯《し》干《かん》』は室寿《むろほ》ぎ（新室祝い）の歌であるが、男の子には玉をもたせて牀《しょう》におき、女児には土器をもたせて地に伏せるという。はなはだ尊卑を分つ取り扱いともみえるが、土器や大地は女児に陰の気をうけさせようとする呪的な目的をもち、陰陽二元的な自然観を背景としているのである。玉はもとより、陽の象

徴である。

## 33　み霊のふゆ

霊がどのような形で存在するのか、また霊としてあるものがどういう名でよばれていたのかは、明らかでない。祖霊の場合は、すでに述べたように鳥形霊としてあったであろうということが、鳴・唯・雁など、信号や応答を示すらしい語によって推測されるが、霊そのものをいう名は見当らないようである。

申◎

霊◎

神はもと電光の象で、申がもとの字である。すなわち自然の霊威を示すもので自然神である。靈（霊）も霊魂の意ではなく、雨請いの儀礼を示す字であった。雨の下に三𠙵を列しているが、𠙵は雨請いののりとの器である。のちその下に巫を加えた。その字がやがて、自然の霊威を意味するようになり、春秋期の金文、斉の大宰帰父盤に「霊命、老い難からんことを」という祈りの語がある。「万寿無疆ならんことを」というのと同じである。

春秋中期の邾《ちゅ》の国の器に、邾公《ちゅこう》釛鐘《たくしょう》という器があって、

図14　邾公釷鐘銘　陸終の子孫

陸終《りくしゅう》（古代の神話にみえる神）の孫、邾公釷、その和鐘を作る。用《もっ》て盟祀を敬《つつ》しみ卹《つつ》しみ、年の眉《び》寿《じゅ》（長寿）ならんことを祈る。用て我が嘉賓と我が正卿（執政者）を楽しましめ、君の霊に揚《こた》ふ。君以て万年ならんことを。

という銘をしるしている。

この「君の霊に揚ふ」という語は、わが国でいえば「みたまを賜ふ」にあたるのではないかと思われる。「吾《あ》が主《ぬし》の　みたま賜ひて　春さらば　奈良の都に　召さげ給はね」（『万葉』五・八八二）というよく知られている歌は、憶良が都への召喚に力添えを依頼したものであるが、「みたまを賜ふ」という語の本来の意味は、魂を授けられるということであろう。それはまた「み霊のふゆ」ともいい、分霊にあずかる意である。

分霊には、玉を用いたようである。「君の霊に揚《こた》ふ」という揚は、魂振り的な意味をもつ行為であるらしい。玉を高く掲げているその字形は、霊の飛揚するさまを示しているようである。易はその陽光の輝やくさまでであるが、それは霊の光と考えられたのである。神梯の前に玉をおく形は陽、それはまた神霊のあらわれでもあった。

易◉ ◎

陽◎

『楚辞』の九歌は、楚巫の伝えた祭祀歌謡で、主として自然神を歌うものであるが、たとえば雲神とされる雲中君は、

霊、連蜷《れんけん》（身を横たえて休息する）として既に留まり
爛《らん》、昭昭としていまだ央《つ》きず

と「爛、昭昭たる」光を発しながら登場し、「ああ　将に寿宮（神を祀る宮）に憺《やす》んぜんとして　日月と光を斉しうす」とも歌われ、また湘江《しょうこう》の水神たる湘君も、「大江に横たはりて霊を揚げ」ながらあらわれるのである。霊も神と同じく、光を放つものとしてとらえられていたのであろう。「日月と光を斉しうす」という語は、のち准南王

安が屈原の作品を評する語として「日月と光を争ふ」というふうに用いているが、それはもと霊の爛々たる光をいう語であった。

## 34　神招ぎ

霊の存在は、九歌の神々のように、霊が自ら光をあげてその姿をあらわすことによって知られるが、またこれを招《お》ぎ呼ぶことによって確認される。霊は祀るものの信号を受けて、これに応えることのできるものである。

召◉

◎

神をよぶことを召という。神への信号はのりとの⊔である。人の姿はおそらくそれに降り立つ霊をあらわすものであろう。

太保召公の家は、そのような招神のことを掌る聖職の家筋であろうが、その家号である召は、下に樽酒をおき、上からは両手を差し伸べる繁縟な字体の釁にかかれることが多い。

釁◎

遥かな空から天降《あも》りくる神は、下降する足の形で示される。それはのりとの⊔の招きによるもので、各は各《いた》るとよむ字である。神霊が招きによって天降りくる

各◉　◎

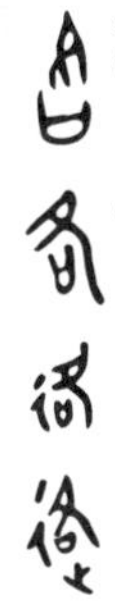

のを昭格というが、召各がその本字である。

わが国でも祭祀のときには、おそらく神招《お》ぎ、神下《おろ》しのための、種々の儀礼が行なわれたであろう。そのうち「天詔琴《あめののりごと》」とよばれるのは、神降しするとき、倭琴をおき、琴頭《がみ》に神依板《かみよりいた》を立て、板の下に依方《よるべ》の水をおき、水を板に注いで琴を弾きならすと、神の影向《ようごう》が板の水影に映り、琴の音につれて神託が行なわれることをいう。神功皇后の熊襲《くまそ》征伐のときなどに、この儀礼が行なわれた。のちの梓弓を鳴らして口寄せを行なう梓巫《あづさみこ》は、そのなごりであろう。

中国では古く神下しをするときに、鳴子板《なるこいた》のようなものを用いたのではないかと思う。乎は鳴子板の形で、これを振り鳴らして神を呼んだのであろう。乎の金文における用義は、呼ぶ意とともに、使役の意をも合わせ含むようである。王が臣下に詔するときに、「王、史虢生《しかくせい》を乎《よ》びて頌《しよう》に冊命《さくめい》（任命の語をつげる）せしむ」のようにいう。

客◎

古い時代には、神事のとき神をよぶのにこれを用いたらしく、呼は神にのりとを奏し、鳴子板を振り鳴らすのである。呼ばれた神霊は、降格して廟にあらわれる。それは客である。客とは客神を

いう。王朝の祭祀には、前王朝三代の子孫を客として迎え、これを三恪《かく》といったが、必ずしも異族の神のみをいうとは限らない。朋友賓客という語は、百姓婚媾（同姓の一族と姻戚）という語に対して用いられるから、すべて廟中に招かれる神や人を、客と称したのであろう。

容◉

迎えられた祖霊たちは、彷彿《ほうふつ》としてその容をあらわす。容は廟中に谷をかく。谷は渓谷の谷とは異なり、祝告（𠙵）の上に髣髴《ほうふつ》として神霊のたちあらわれる形である。それで容は容貌・容儀の意に用い、すでに金文の晋公盦にも「爾《なんぢ》の容を整へ辟《をさ》めよ」という例がある。もとは廟中にあらわれた祖霊の姿である。その祖霊を祀る歌を頌という。氏族の困難な問題を祖霊に訴えることを訟という。頌・訟の字形に含まれる公は祀所の形であり、そのような行為は、すべて祖霊の前で行なわれるのである。

頌◎

公◎

## 35　若と如

神霊の憑坐《よりまし》には、若い巫女があたる例であった。髪をおどろに乱し、もろ手を上に

若◉　◎

あげて狂乱するその姿は、エクスタシーのうちにある巫女のさまを示すものであろう。その前にのりとの𠙵をおく字形は若である。若とは神に祈りながら踊り狂う巫女である。

この字を二人称の代名詞に用いるのは、もとより仮借であり、卜辞・金文にはまだその用法はない。卜辞では、

貞《と》ふ。王はそれ邑を作るに、帝は若《よし》（諾）とせんか。

王、固《うらな》ひみて曰く、吉なり。帝は若とせり。

というように用いられ、それが最も古い用義である。すなわち神意の承諾を示すことをいう字で、のちの諾にあたる。神託を受ける巫女の姿は、そのまま神託の結果を示す字とされている。

若にはまた、したがう・およぶ・ごとし・もし・若何《いかん》などの意があり、若い・弱いなどの意味もある。これらの諸義は、字の原義である神託から、またその神託を受ける巫女の状態から、演繹しうるものである。

如◉

文字の構造の上からいうと、如も若と同じ形体素からなる字であり、声義において相通ずるところが多い字である。如にもまた、したがう

・ごとし・もし・如何《いかん》などの意があり、自若（如）・突如のように形容語を作る助詞に用いることもまた同じ。いくらか用義法の上に相違があるとしても、それはむしろ習慣的なものであり、もと両字は同じであったと考えてよい。『詩経』は西周後期、前九世紀を中心とする時期の詩篇であるが、その用字が本来のものであるとするならば、若・如両字の間にすでに用義の選択が行なわれている。金文には「王、若《かくのごと》く曰く」や若敬（敬しみ従う）・若（諾）否、また「霊力、虎の若《ごと》し」のように用い、如は列国器の楚の鄂君啓節の車節に「如《も》し」という仮設の例があるにすぎない。

匿◎

若が若い巫女のエクスタシーの状態を示す字であることは、たとえば匿《とく》のような字からも考えられる。地下の泉のわき出るような幽暗のところで、神託を受けたというギリシャの巫女たちと似た姿を、この字形から推測することができよう。それはおそらく洞窟のようなところで、ひそかに行なわれる呪儀であるらしい。

茹《じょ》は普通に「ゆでる」とよむ字であるが、別に「はかる」というよみがある。草とは全く関係のないこのよみは、巫女である若が艸冠の形にかかれていることと同様の関係にあるようである。若の艸冠は、あのおどろに乱れた髪にかざして舞う手の形を、線条化したときに誤ったものである。それならば茹も、古い時代には若の原形と同じ形であったものが、茹の字の形にかきあらためられたものであろう。その意味では惹も恕も、若と如との関係の延長の上にあると考えられる。同源にして分岐した字の例とすることができよう。

## 36　死喪の礼

古代の人ももとより死を悲しんだであろう。しかしそれを運命として受け容れる一

尸◉　◎　死◉

種の諦観が、かれらにあったのではないかと思われる。この象徴主義者たちは、意外にも尸《し》や死という字を、特に避けようとはしなかった。西周の金文にみえる官職任命の廷礼には、官につくことを「尸《つかさど》れ」「死嗣《しし》（司）せよ」のようにいう。その字を忌むこともなく用いるのである。

しかし死に対する哀惜や悲痛の情は、生命感情のゆたかな時代のことであるから、むしろ鮮烈なものがあった。病革《あらた》まるころにもなると、あらゆる魂振りの方法が行

なわれ、気息が絶えたのちにも、魂呼ばいの儀礼が引きつづいて行なわれた。それは生まれたときの受霊が衣や玉によって行なわれたように、またその衣襟の間に玉を加えるのである。

睘◎

眼は生命のあかしである。衣襟の間に環を加えて、眼の光の回復をまつ。それは睘であり、還である。環はまさにそのためのものである。果物もまた時じくの生命をもつ。これを衣襟の間に入れるのは裹《か》、裹《つつ》むのはもとより魂振りのためである。ついに命絶えたことが知られると、胸もとに呪具の

襄◎　哀◎

工をつめる。四工をつめたものは展、死者の衣であろう。屍体を改めることをも展という。四工とさらに二𠙵を加えた形が襄の初形である。祓禳の儀礼をいう字である。のりとの𠙵を加えたものは哀、

眔◎　褱◎

哀哭の礼である。襟もとに眔《なみだ》をそそいでその死を哀しむのは褱《かい》、懐（懷）の初文である。屍衣の胸もとは綴じ、再び啓かれることはない。それは卒である。死者には胸に玉をつけ、おそらくわらじもそえたであろう。袁《えん》は頭《こうべ》にわらじ、胸に玉をおいて、死者の遠行を送る字である。喪に服するものも、胸に麻の呪飾をつけた。それ

卒◎

衰◎

衰

は衰《さい》で、喪服をいう。これら死喪の礼は、すべて衣の襟もとに呪具をおく形で示されている。

尸は人の横臥する形で屍、屋は尸の形に従う。家室は人の止まるべきところで、至はその意であるとするのが普通の解釈であるが、屋は屍体をおくところでなければならない。至は矢の至るところ、室・屋・臺（台）の字はいずれも至を形体素とし、字音はみな異なる。すなわち至の形声ではなく、会意の字である。地をトするのに、矢を放ってその至るところをその地と定める地えらびの方法が、おそらくあったのであろう。室は祖霊を祀るところ、臺は神明を祀るところである。それならば屋は屍体をおくところでなければならぬ。

至◉

室◉

◎

『詩経』の秦風《しんぷう》『小戎《しょうじゅう》』の篇は、いまもなお詩意不明とされている一篇である。その全体は輝やかしい武人の装いの描写が長くつづくが、首章末に「ここに君子を念《おも》ふ

温としてそれ玉の如し　その板屋《ばんおく》にありて　我が心曲を乱さしむ」というのは、明らかに挽歌である。板屋とは殯宮《ひんきゅう》をいう。生前の優れた風姿をほめ歌うのは、人麻呂の高市皇子を弔う挽歌（『万葉』二・一九九）と同じ構成をとる。葬送ののちには、

室中に楃《あく》（木帳、几帳のようなとばり）をおいて霊を迎えたが、その木帳をまた神盦《しんあん》ともいう。板屋・楃・室はみな神霊を安んずるところである。

## 37 老残の人

年若くして没するを夭《よう》といい、禍をうけて死するを殃《おう》という。いずれも死と同じく歹《がつ》の形に従うが、歺は残骨の象である。残骨の上半体を存するものは咼であるが、下に加えられている𠙵は呪詛であるから、その死霊に祈って、禍をもたらそうとするものであろう。

鰥寡《かんか》の人は、そのような夭・殃をも免れ、年を経てきた人たちである。しかし年老いてその配偶を失うのは、なおいっそうの寂寥というべきであろう。老いて妻なきを鰥といい、老いて夫なきを寡という。古代の聖王の世には、鰥寡孤独のものは天下の窮民として、福祉政策の第一の対象とされた。それは古代を理想化したお話にすぎないとしても、年齢階級的な社会のなかで、老人はそれなりの尊敬を受けることができたのであろう。孟子が梁の恵王に会うたとき、恵王は年輩者である孟子を「叟《そう》」、す

叜◉

なわち老先生とよんだ。叟は古い字体では叜とかかれ、廟中に火をもつ人の象である。ローマの家父長を思わせるような字形であるが、中国でも司祭などの称であったのかもしれない。

長老を耆《き》という。曰とはよく祈り、神意を知る人を示すのであろう。神意をトう『易』が天地の数として用いる蓍《めどぎ》も、耆と関係のある字である。古代には天子が天下の長老たる三老を礼遇し、敬老の儀礼が大いに行なわれたように『礼記《らいき》』にはしるされているが、それは現実にはみたされることのない期待感の反映かもしれないのである。

鰥◎

鰥は魚と眔《なみだ》よりなる会意字である。眔は涙の象形。褱（懐）が襟もとに眔をそそぐ死別の字であることはすでに述べた。老いて妻を失った男が、どうして魚と眔の会意字で示されるのか不可解なことであるが、そこに古代人の象徴的思惟がはたらいているのであろう。魚はそのような思惟の世界では女性である。『詩経』の詩篇には、結婚の祝頌にはつねに魚の名が列ねられ、また魚釣りという表現で両者の結合が示される。古く嫁入りのときの媵器《ようき》（嫁入道具）に用いられる青銅器の盤にも、魚紋が施されるのが例であった。戦後まもなく国民党特務に暗殺された聞一多の『説魚』という論文には、魚を性的表象とする中国文学の例が豊富に集めら

れている。鰥はその表象に対して涙する老夫を示す字であろう。

寡◎

寡は廟中に憂える人の姿である。なげき申す相手は、いうまでもなくわれを残して先立った夫である。この人の姿に心をそえた字である。そのもの思う姿を優という。思い擾《みだ》れることを擾《じょう》という。婦人は魚の形で表象されるが、男の表象は、一般的な鳥形霊の形で示されるのであろう。この憂いなげく人の後に、さりげなく隹《とり》をそえた字形がある。

憂◎

面影にたつ人のはかなさを、うしろによりそうようにあらわしたものとすれば、古代の人びとの造字感覚に、改めて深い息づきを感じないわけにはゆかない。

## 38 親と子

親とは父母をいうのが原義である。それは新たに祀られる父母である。見ているのはその子である。偏は新と同じ字形であり、新とも関係のある字である。

新は新しい木である。斤《おの》で切りとった木であるが、その木の上には辛《はり》がうちこまれている。辛は針、切り出す木を定めるしるしとして、辛がうちこまれているのである。

新◉ ◎

神事などに用いる立木をえらぶときに、辛をうちつける方法をとったのであろう。わが国の山入りの儀礼では、正月の初山入りに、神にみたてた木には供物をささげ、鳥にもえさを与えたりする。鳥は「おみさき」とよばれ、神の使者と考えられたのである。また伐木の前日には、その木の前に斤（斧《よき》）を立て、翌日そのヨキが倒れているときは伐ることを中止する。異状がなければ山神が許されたものとみなす慣習があった。中国では古くこのヨキを立てるように辛を打ったのであろう。また契《けい》のように、いわゆる木印をつけることもあったと思われる。いずれも神事に関することであった。薪も年頭の初山入りに伐り出すもので、門飾りや年卜いや、その他種々の民俗に用いられる。

親◎

親は、この新木を見ている形である。見はただ視覚的に見ているのでなく、拝するという行為や、対象の内面と交感の関係に入ることを意味する。金文の親の字形には、廟中に親の字形をかくものがあり、それが廟中の儀礼であることが知られる。

親の字に含まれている新木は、おそらく新しい神位を作るべき木で、そのえらばれた木で位牌を作るのであろう。この位牌に真向かうものは、親を失ってこれを祀る子であるはずである。

子は親に対して順子とよばれる。金文に「その順なる子」「余が順孫」のようにいう例がある。順は水の前に頁《けつ》をかくが、頁は特に儀礼に臨むときの姿で、頌・類・顕・顧はみな祭祀や神事に関する字であり、顔は成人式の文身儀礼を示す字である。順も水に臨んで何らかの儀礼を行なう字であるらしく、金文には渉と頁、すなわち瀕の字形にしるしていることがある。周初の周公家関係の器と思われる熒殷《えいき》に「拝して稽首《けいしゅ》し、天子の順福を造《な》したまへるを魯《よろこび》とし」という文があり、順をその字に作る。頻とはうれい歎く意であるから、それは水辺で行なわれる哀哭の儀礼であったのかもしれない。『詩経』の小雅『鼓鍾《こしょう》』篇には、水辺に臨んで淑人君子を弔うことが歌われている。その礼は順・瀕の字と関係があるはずであるが、そのような古儀は、いまでは知られないことが多いのである。

順◎

顕◎

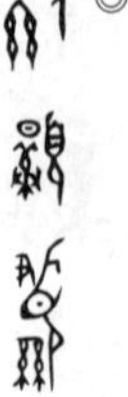

亡き人をしのぶには、玉に白木綿《しらゆう》などをかけて、霊の安らぎを祈った。顯（顕）は玉に糸飾りをつけて、拝している形である。そのようにすれば、亡き人の姿も面影に顕《た》ってあらわれるのであろう。

## 39　非命の死

乏◎

貧乏とは、ただ貧しく乏しいというだけではない。貧苦の果てに、ついには死所をもえずに朽ち果てるのが、貧乏という字の本義である。乏とは屍体をいう。その屍は、あるいは川に泛《うか》んでただよい流れるであろう。「泛《うか》ぶ」とはその意である。また路傍の穴に土をかけて窆《うず》められるであろう。「窆《ほうむ》る」とはその意である。砭《へん》は「砭《いま》しめる」、貶《へん》は「貶《おと》しめる」とよむ。いずれも屍体を用いて呪儀をなすものと思われる。

農耕社会といってもその生産性は低く、すべては自然条件まかせであるから、ひとたび凶荒に襲われると、効果的な救荒策もなく、千里生色なしというような饑餓状態となる。艱難など、人を苦しめる字の形体素である𦰩《かん》・菫《きん》は、

菫◉　◎

もと饑饉を意味する字であった。

日照りがつづくと、急いで雨請いが行なわれた。靈はその雨請いをする巫女を示す字形で、『神代紀』上に「大日孁貴《おほひるめのむち》」のように孁の字をあて

ているのも、巫女的な意味からである。雨請いの効果がなければ、巫を焚《や》いて雨を求めた。いわゆる焚巫《ふんぶ》の俗である。フレーザーの『金枝篇』にいうように、古くは王がその「殺される王」であったが、のち巫が焚かれることになったのである。𦰩はその巫が、祈りののりとである𠙵をささげて焚殺されている形をいう。魔女の最後のようなそのすさまじい光景が𦰩であり、堇である。𦰩・堇の系統の字はみな饑饉と焚巫の

難◎

俗を示すもので、その声義を承けており、難も形義において関係がある。

饑饉で故郷を離れさまよううちに、道路で命を隕《おと》す非命の人も多かったであろう。これを道殣《どうきん》といった。すなわち行き倒れである。この枉死者を放置すると、その土地にたたりをなす恐れがある。それでいちおう仮葬して、その怨霊をなぐさめた。人麻呂の歌に、讃岐狭嶺島《さぬきさみねのしま》の磯や、大和の香具《かぐ》山、あるいは吉野川のほとりで道殣を葬り弔う歌があるのは、人麻呂の属した集団がそのような職掌をもつものであったからであろう。

墐

墐《きん》は墐《うず》める意であるが、土で塗りこめてしまうのであろう。塗が余のような、道途を祓う呪具を形体素とする字であることも、なお意味をもつものであろう。京が戦場の遺棄屍体を塗りこめて作られた門であるのと、似たところがある。

亡◉　◎　亢◎

匃◎　曷

亡は乏と声義の近い字で、身を屈《かが》めている死者の象である。亢《こう》はその頭髪がわずかに残る形であり、そのような死屍の横たわる原野を荒という。いかにも荒涼たる字である。残骨の相重なるのを匃《かい》というが、匃には匃求と連ねる用義がある。それは徼《きょう》のように、死屍を用いて呪詛する儀礼からその意をえたものであろう。匃にのりとの曰を加えると曷《かつ》となる。「曷《なん》ぞ」とはきびしく訴え求める語であり、その声をいう喝・愒は、鬼神をも動かす力をもつ。あまりに声を振うて、しばし息をのむを歇《けつ》といい、声の尽きるのを竭《けつ》という。謁《えつ》は呪言をもってそれに対することであろう。これら曷声の字はすべて、死霊の世界において成立したものである。

## 40　久遠の世界

永生は古今を通じてかわることのない人の願いである。しかしその願いは、かつてかなえられたことがなく、また今後もかなえられることはないであろう。久遠の世界は、死によってのみはじめてえられる世界である。

久

久は尸（屍）を後ろから支えている形である。それを納めるものは柩であった。遠は死喪の礼における袁《えん》から出ている。永遠への旅立ちに、死者にも旅立ちの装いをさせる。枕べに止すなわちわらじをおき、胸もとに○形の玉をおく。それが袁であり、永遠に向かって旅立つ人の姿であった。

久遠とは、実に死の世界である。その字に久遠の意味を与えたのは、おそらく弁証法的思惟を好んだ戦国期の司祭者たちであろう。かれらは死をおそれることがなく、むしろ死において真実の認識に達しようとしたのである。妻の死にあたって缶《ほとぎ》（円い壺型の土器）をたたいて永遠の世界への讃歌をうたったという荘周の徒が、おそらくはその思想の成就者であろう。

真◎

そのような思弁者たちによって不変の世界とされる眞（真）もまた、もとは変死者の姿である。かれらの思弁は、現象を存在の世界と転換し、現象において存在をみることにあった。相対はここでは絶対となる。眞とは顚倒せる死者の形である。上部は化、すでに化したるもので、その下の県は倒さの首、頭髪が下になびく死者の頭である。顚倒の顚とはそのような路傍の変死

県◎

者であり、道殣である真を、かりに弔うことを示す字である。

草枕　旅のやどりに　誰《た》が夫《つま》か　国忘れたる　家待たまくに　『万葉』三・四二六

八雲さす　出雲の子らが　黒髪は　吉野の川の　おきになづさふ　『万葉』三・四三〇

これは人麻呂の歌う鎮魂の歌である。枉死者の霊は、しばしばはげしい瞋恚《しんい》の心を示す。それでこれを塡《うず》めて仮葬するが、それだけで怨霊を鎮《しず》めることは容易でない。適当な祀所を設けてこれを寘《お》くことによって、その霊はわずかに安んずることをえたであろう。あるいは玉をもって、その霊を塡《しず》めようともしたであろう。しかし怨枉（無実の罪）を訴えてやまぬ鬱勃たるものは、ときに闐然《てんぜん》（鼓などのひびく音）たる音を発して人をおどろかせたであろうと思われる。音や闇も、もとは神の気配をいう語であった。

真を形体素とするこれらの字は、従来はみな形声と解されていたものである。それは真という価値概念が、どのような思惟過程によって成就されたかということについて、古代人の弁証の方法に全く想到しなかったために、このおどろくべき価値転換を理解できなかった結果にすぎない。かれらがその字形表現において試みている象徴的な手法や概念構成のしかたは、文字の成立した前十四世紀から、戦国期思想家の活躍をみるまでの約一千年の間に、いわば精神史的な展開をとげている。文字の研究はまた、精神史的な課題をもなすのである。

# V　字形学の問題

## 41　限定符

古代文字の構造が、形象の象徴性を最も有効に用い、必要最小限の意味的要素、すなわち形体素をもって明確な表現を成就していることは、すでに述べた若干の文字の構造からも、容易に知ることができよう。これ以上の省略が困難と思われる限界のところで、文字が成立している。その一点一画のうちに字の形義が寄せられているのである。

字形の多画化には、いろいろの原因が考えられる。文字の制作者が、はじめから繁縟な表現を好んだわけではない。多画化の最大の理由は、字の多義化であろう。たとえば申は電光の象であり、もと神を意味した。しかしその字がおそらく演繹によって伸展の意をもつようになると、その分化義を示す字として伸が生まれ、本来の神の意には祭壇を意味する示をそえて神とした。原字である申は十二支の字に用いられる。神という字形は、西周の中期に南征して漢水に没した昭王を弔うために作られた宗周鐘に、はじめてみえる。示偏をつけている字は、甲骨文には祝・

神◎

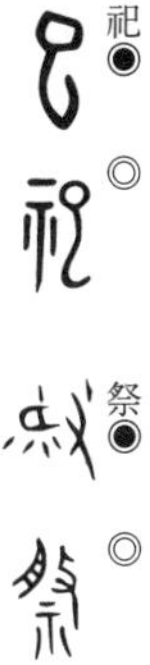


福・祀など、どうしても祭壇の形が必要な限られた文字しかない。祭はただ祭肉を手にもって供える形であり、祖先の祖も俎を意味する且《そ》の形のままで、いずれも示をそえていない。郭沫若氏が且を男根の形とし、文字成立の時期を父系の時代とする論証に用いたことはよく知られているが、且は祭肉を供える俎の象形字である。

且上に肉をおく形は宜、障《そん》且《ぎ》とは饗宴を意味する。その肉を傍にそえたものが俎である。且ものち多義化して租や組・覰《そ》（および）の義などにも用いられ、それぞれ禾や糸など、語の属する範疇を示す限定符を加えた字が成立し、同様にして祖の字も作られた。本来の字にはいまは且《かつ》の用法があるのみである。

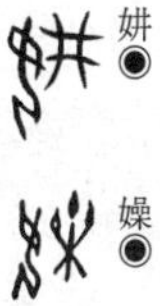


甲骨文における限定符の使用は、ほとんど固有名詞に限られているといってよい。氏族の名には姘《けい》や嬠《そう》のように女偏をつけて示すものが多く、川の名にも洹《えん》や滴《しょう》のように水偏を加える。

このことからも知られるように、限定符はその語の属する範疇を示すものであって、意味的な形体素として語義の構造に参加するものではない。すなわち会意的にはたらくものでなく、多くは江・河のような形声字の構成に、記号的な役割をもつにとどまる。部首をもっていえば山水草木、鳥獣虫魚など、その部に属する字はおおむね形声字であり、限定符と声符よりなる字である。すなわち表音文字である。

文字の基本は象形であり、それに指事記号を加えた指事、象形字の複合よりなる会意を合わせて、基本字の総数は『説文』において約千四百字、他はすべて形声、あるいは表音的用法である。すなわち第二次的成立のものとみなしてよい。字形学における問題は、すでに述べたような象形字のもつ本来の表象的な意味を正確に把握することにつづいて、限定符と声符より成る形声字と、有意的な形体素の複合より成る会意字とを、字形学的に明確に区別することである。

図15　宗周鐘銘　皇上帝百神

## 42　会意字の構造

限定符をもつ形声の字と、形体素の複合よりなる会意字の構造とには、その造字意識の上に区別があったようである。限定符はあくまでも符号的な役割のものとして、他の形体素と構造的な関係をとることがない。しかしたとえば水が限定符としてでなく、水を渉るというような行為を示すときの渉には、水は限定符のある通常の位置にではなく、水と歩とが相交叉する構造的な形をとる。また沈は、甲骨文では牛を犠牲として水中に投ずる形にかかれる。沈はのちに作られた形声の字である。

渉◉

沈◉　◎

部首字が行為的な意味をもつ字である場合、その属する字は形声字であるよりも会意字であることが多い。たとえば手や手に物をもつ攴《ぼく》（攵）・殳《しゅ》、儀礼に関している見や頁、往来に関する彳《てき》・行・辵《ちゃく》・走、あるいは使用する器物が形体素として字形のうちに含まれるとき、その行為や機能・状態を示すものとして、字の形体素はそれぞれ有機的関係において複合する。告・古・吉・吾・舎・害などは、の

りとの器である𠙵とそれに加えられる器物とをもって構成されるが、その二つの形体素の組み合わされる関係によって、そこに実現されている行為のそれぞれの意味をあらわすのである。また攺・救・牧・敔・叙（敍）や殺・殴・殹（毆）は、攴や殳をそれぞれの対象に加える行為を示し、そこにそれぞれの呪的行為としての意味をあらわす。また阜部《ふ》の字は、その神梯の前で行なわれる神事的行為を文字形象化したものであるから、いちおう神事的意味をもつ字として把握すべきである。すなわち阜は単なる限定符ではなく、行為の場所を示す形体素とみるべきである。このような場所的設定の意味をもつものには、宀・广・門など建物に関するもの、彳・辵・行など道路に関するものなどをも、加えるべきであろう。問・聞・闇・閉などの門はそれぞれ神霊のある廟門としての意味をもつ。閉の字の門中の才は、俗の進入を拒絶する聖記号である。

限定符と形体素との区別を厳密にしておくことは、字形学的な理解の基本である。たとえば魚部の字はほとんど魚を限定符として用い、魚は分類的にその範疇を示す。

魯◉　◎

従って字はみな形声で、魚の名を音であらわしているにすぎない。しかし鰥《かん》は眔《とう》声ではなく、これは会意字である。また蘇《そ》や魯《ろ》も形声でなく、魚を祭祀に用いるときの儀礼を示す字であろう。

図16　石鼓文　魚部の字

隹や鳥を部首とする字も、ほとんど形声である。それで逆に、形声でない字は、会意としての解釈の可能なものであるともいえよう。唯・鳴・奪・奮などは、隹を声符とはしがたい構造をもち、唯に虫を加えている雖、璧雝《へきよう》（周の聖所）の制を文字的にあらわす雝《よう》、それと形義の関係をもつ雁《おう》などの文字構造を通じて、文字の形体学的研究の方法が探索される。文字の構造は本来体系的なものであるから、その研究には体系的な理解の方法を試みるべきである。

## 43　手の用法

又◎

手は象形である。しかし手の形は、上下左右の手の使い方によって、形もまた変化することが多い。又が最も一般的な形で、左右を示すときにはこの字を左向右向にかく。手中には何も持つことはない。左・右（五四頁）のようにか

くのは、のりとの𠙵、呪具の工をもつもので、すでに呪的な行為に及んでいるのである。

受◎ ◎

受は上から手をもって授け、下から手をもって受ける形である。それで授受両義に用いる。授受するものは舟形の器に入れられているが、その器は盤である。尋（尋）や隠（隠）が左右を重ねた形であることはすでに述べたが、手の用法によって字形も種々に変化する。

关◎ 共◎

両手を上にささげると关・共・廾となる。また上から両手を加えるのは臼《きょく》である。送はおそらく玉など祝頌のものをささげて贈る形であろう。盤中に入れて贈るものは朕（賸、媵の初文）、贈るもの

朕◎ ◎ 賸◎ 媵◎

によって賸《よう》・媵《よう》・勝《しょう》などの字となる。臼に従うものには盥《しょう》（召）、學（学）がある。いずれも霊の祐助を受ける意味があるようである。共形のものには

学◎ ◎ 異◎ 丞◎

異《よく》があり翼戴《よくたい》（たすけいただく）の義。上部の田は鬼神の頭部である。承や丞は人をかつぎあげている形、いずれも上位の人をたすける意である。廾形のものには弄がある。

魂振りの玉をもつ形。側身の形には両手をあげて工や玉を奉ずる形を示す珙《きよう》・揚があ

珙◎

揚◎

執◉　◎

為◉

る。執は両手に械《かせ》を施した形。幸は械の象形字である。

爲（為）は『説文』三下に母親猿の象形とされているが、象を使役している形で、卜辞には宮室を為《つく》るというときに用いる。象を狩猟の対象として卜っている例もあるから、殷の時代にはその狩猟地に象が棲息していたのであろう。六朝期には、江北にもなお象の群棲地があった。古い時代には、また宮廟の造営に象を使役することに、いくらか宗教的な意味が与えられていたかもしれない。

牽◉

牛を牽《ひ》くことを牽という。牽とはまさに牽牛の形である。卜辞の貞人（卜う人）にその名がみえるが、多くの人はその字を争（争）と釈している。争ならば、上下の手でものを争う形でなければならぬ。上下の手をつなぐものが杖や環であるときは爰、それを援《ひ》き援《たす》けるという字である。

爰◉　◎

人の上から手を加える孚は、俘の初文である。さらに屈服させた形は𠬝《ふく》、いまの字形では手（又）が下に加えられていて、及と区別がつかない。及は後

孚◎ 𠬝◉ ◎ 及◉ ◎

から追迹して、そのすそをとらえる形である。とらえようと急ぐ心情は及と心、すなわち急（急）である。

拜◎

拝啓の拝（拜）は、もと草花を抜きとる形であった。周の召伯は領民の裁判を棠樹《とうじゅ》の下でさばいたが、民はその公平を喜んだ。それで裁判のことを、そのちには棠陰《とういん》という。『詩経』の召南『甘棠《かんどう》』に、召伯の徳をたたえて、その記念の甘棠（やまなし）を「伐ることなかれ拝《ぬ》くことなかれ」と歌っている。後漢の鄭玄《じょうげん》の注に、「拝は抜なり」とあるが、これを字形学的に説くものはなかった。清末の金文家呉大澂《ごたいちょう》が、その『字説』に、はじめて金文の字形によってその字義を説いた。『字説』は片々たる小冊であるが、近代の文字学の道を拓いた書である。

## 44 足三態

足首から先は足跡の形である止、足は膝の関節から下の形、両脚の動作を示すときには夊《すい》あるいは舛《せん》を用いる。みな象形である。

止は休止に用いるが、一歩を前進するときはかかとの形を加えて出となり、左右の歩を進めると歩となる。歩武の武は、戈《ほこ》を執って進む意である。軍に先行することを先という。先行して目的地につくと、すぐに足を洗う。足の汚れには邪悪がひそむからである。洗は古くは歬とかかれた。舟は盤、盤中の水で止《あし》を洗うのである。歬は前の初文であるが、前（前）は洗った足の爪を切ることで、刀を加えている。いま爪を剪《き》るのには剪を用い、湔を湔《あら》う、揃を揃《き》る・揃《そろ》えるとよむ。歬が歬《あら》う、前が前《き》りそろえる意味の字であるから、他はみな重複した字形である。

道路や歩行に関する字は多く彳・辵・行・走の諸部に属しており、足はむしろ限定符として用いられることが多い。すでに述べたように、限定符的な用法の字は、ほとんど形声である。そのなかにも、跣・跨・踞のように、先・夸・居がその初文としてあり、のちに限定符を加えたような字もある。

足には古く胥《しょ》という音があり、補胥の意に用いられたようである。金文に、正長の官を輔佐することを命じて、「左足せよ」としるしている。佐胥の義である。疋《しょ》はあるいは足と左右前後の関係をなすものであろう。旋や疑が疋に従うのは、たちもどるという行為を示すものとみられる。

疋◎

下部を夂に作るものは、人の立つ側身の形である。憂はすでに述べたが、それは廟中の人に向かって歎く形であり、愛は心のこりに後をふりむいて歎く形である。愛の上部は、食に飽いて後ろをむく既《き》の旁の旡《かい》を、立ち姿にしたものである。前を向いて口を開く姿は欠《けん》、次は吐息することをいい、姿は立ち咨《なげ》く女の形である。

愛

既◎ ◎
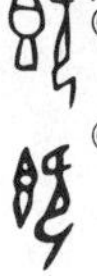

欠◎

両足を左右に開く形は舛《せん》である。たがいちがいの状態をも意味する。舞はもと無とかかれ、無は舞い姿で袖に飾りをつけている。その字が有無の無に専用されるようになると、無に舛を加えて舞の字が作られた。重複の字である。

無◎ ◎

夏◎

夏もまた舞容をいう。おそらく楽音に合わせて、廟中に舞楽をなす字であろう。それで古代の楽章には、九夏・韶《しょう》夏《か》のように夏というものが多い。その舞容は威儀の堂々たるものであったらしく、夏にはまた大の義がある。夏

冬の夏の意となるのは、かなりのちのことである。

夔◎

夏が舞容を示す字であることは、夔《き》との関連からも考えられる。夔は音楽の祖とされ、一本足で舞う神であった。『書経』の『舜典』に、夔が楽を奏して石を撃つと、百獣ことごとく起《た》って舞うたという。未開社会の狩猟祭のようすを思わせるような光景であるが、夔もまた鹿のような角飾りを冠る神であったらしい。まことに映像的な字形である。

## 45　人の会意字

人部の字はおおむね形声字であるが、身体的表現をとるものには象形・会意の字が多い。人部のうちにも、位・僮・僊・優・俊のように、のちに限定符をつけて形声字とされているものもあり、また伏・伐のように会意字としての構成をもつものもある。仇や偉のように、九・韋が字義とかかわることのない声符のときには形声、

伏◎

伏・伐のように声を含まぬときは会意と考えてよい。

伏は人と犬とを伏瘞《ふくえい》として瘞《うず》め、犠牲とすることであり、伐は人に戈を加

伐◉ ◎

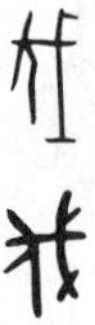

えて伐《き》ることである。信は人と人との間の約束とされるが、言は神に告げる自己詛盟であり、神への誓いである。人との約束のごときは、まことに信とはしがたいものである。

身◎ 殷◎ 孕◉

側身の人の腹部が大きいのは身、身《はら》むとよむ。殷とはその人を殴つ形であるが、その呪的行為の目的は知られない。殷《あん》ともよみ、流血のさまをいう。孕《よう》は腹部に子を加えた形である。

従◉ ◎ 比◉ 北◉ ◎

二人並び立つのは竝、前に向かうは从（従）、後に向かうのは比で、比《なら》ぶとよむ。相背くは北、三人が邑中にあつまるを衆という。口は邑の区域、邑《むら》はその下に人の安居する形をかく。卬《ごう》は人の上下相争う形で、下からは仰ぐ、上からは抑えるである。後ろから抱いて交わるのを色という。『詩経』にはそのことを「反覆」とよんでいるから、いろいろな方法があったのであろう。

女部にも形声字が多いが、形声の関係のないものは、やはり会意字と考えてよい。

奴は女奴、捕虜奴隷をいう𠬝《ふく》・孚と字の立意は同じである。姫は乳房の大きな女子、成年に達したものをいう。妻は婚儀のときの盛装した婦人の姿、婦（婦）は廟所を束茅（帚）で清める婦人のことで、婦人は宗廟の祭祀につかえる定めであった。委は祈年の祭りに穀霊に扮して舞う早乙女のことであろう。同じく穀霊に扮する男は年で、この稲魂《いなだま》に扮する男女の舞が、農耕儀礼としての田舞である。

　妾は女子のひたいに辛、すなわち入墨の針の形をかき、奴隷化された女であるが、もとは神にささげられた犠牲で、入墨は一種の聖記号であったものと思われる。男の場合には童という。目の上に入墨のしるしをつけている。下部の東は声符である。神への犠牲をまた臣というが、臣は大きな眼の形で、

　その一眼を傷つけたのであろう。目に手を加えた字は臤《けん》、賢の初文である。古代の賢者には奴隷の出身者が多い。豎《じゅ》もその形に従い、

近侍の奴隷である。

　大は人の正面して立つ形である。夫は頭部は結髪して簪笄《しんけい》を加えた形で、夫妻は男女の婚儀の姿である。赤は人に火を加える形であるが、これはあるいは聖化の法であろう。奚《けい》の上部は辮《べん》髪の形ともみえる。古く西北族の間に行なわれたもので、羌《きょう》族《ぞく》にもその俗のあったことが卜文の羌字形から知られる。夷《い》は大弓を用いる種族で、その字も大弓を合わせた形といわれるが、夷の初文は尸の形である。しかし死者ではなく、腰を折って蹲《そん》踞《きょ》する形を写したものであろう。沿海の諸族には、わが国の古俗と似たところがあるようである。

## 46　かぶくもの

呉は矢《そく》、すなわち頭を傾けた人が、大きな声を出すことだと説かれているが、悞や娯の字義から考えると、もっと楽しげなものにみえる。しかしまた誤のような字もあ

呉◎

矢◉

◎

るから、相手をこちらの思うようにさせるという意味もあるらしい。『詩経』の邶風《はい》『簡兮《かんけい》』に、亡殷の余民が周の支配者に召されて万舞を献ずることを歌うて、

虞◎

「碩人《せきじん》（立派な男）俁俁《ごご》として　公庭に万舞《ばんぶ》す」という。俁俁とはその大どかな舞容をいう。おそらく頭をかぶきながら舞うのであろう。虞は虎頭をかぶる舞で、獅子舞に類していよう。𠙵はいうまでもなく、神への祈りである。榊の枝にその告文を結いつけて舞うと考えてもよい。それは神楽《かぐら》舞である。太平の世の神楽舞は、人を娯《たの》しませる。舞うものはおおむね若い舞姫であろう。そのような古代の神事がすたれると、それはやがて遊芸化する。また邪教に赴くものもあったであろう。呉を形体素とする字には、そのような背景の考えられるものがある。

若い女は、何ごとによらず魅力的であり、ある妖《あや》しさを感じさせるものである。舞姫の舞う姿を妖というのは、巫術《ふじゅつ》がしばしば邪道のために行なわれたからであろう。夭は若くして死すものをいうが、しなやかな姿態を示す字である。若が若いシャーマンであるように、妖も年ゆかぬ舞姫であった。その舞は殀《わざわい》を招くものとされ、そのことばは訞《よう》、ことばたくみにあざむくことを意味する。若は神託を受ける巫女の姿であるが、妖は媚蠱などを行なう邪教の徒である。

笑の字形については、笑うべき説が行なわれている。人の笑う姿が、竹の風になびくさまに似ているとか、あるいは犬に竹籠をかぶらせてうろたえるおかしさをいうとかは、みな俗説である。笑のもとの字は娭《よう》であった。妖の上につけられている艸冠は、若の初文の上部が、艸冠の形にされているのと同じである。娭においてはそれは艸冠となり、笑においては竹冠となったが、それはいずれものちに筆記体に改められるときにうけた変化である。筆記体は秦漢の際の隷《れい》書にはじまるが、文字を線条化するために、本来の造字意識からはなれることが多くなった。『漢書』には咲《しよう》や关《しよう》が笑の字に用いられているが、古い字体なのであろう。『説文』には笑の字がなく、例の竹の風になびく姿に似たりというのは、『説文』をみだりに改訂して自説を加えた唐の李《り》陽冰《ようひよう》の臆説である。

笑といえば、わが国ではまず天鈿女《あめのうずめ》の窟屋戸《いわやど》の舞が思い出される。日神が窟屋にかくれ、天地が闇の世界と化したとき、鈿女は香山《かぐやま》の根こぎの真賢木《まさかき》の枝にくさぐさの呪物をかけ、片手に手草《たぐさ》、片手に鐸《さなぎ》をつけた矛をもって、前をはだけ、誓槽《うけふね》をふみならして舞った。『古語拾遺』にそれを俳優のわざとしているが、笑はおかしさを主として俳に近い行為であり、優は歎き申すわざである。悲喜劇というおかしなことばが、俳優の原義に最も近いのである。

## 47　文字系列

限定符をもつ字はいちおうその系列に属するものであるが、限定符は本来範疇的なものであるから、字義の系列化に及ぶものではない。字義の系列化は、形体素としての意符をたどることによって、はじめて組織される。この系列化によって、字形論・意味論・語彙論などの展開が可能となるのである。

古代文字において最も大きな系列をなすものは、𠙵《さい》を基本とするものである。ここから多くの文字系列が分出する。部首字としては曰・言・音がその系列に属することはすでに述べた。また𠙵に属する古・吉・舎・吾なども、またそれぞれこれを形体素とする文字系列を構成する。𠙵を基本として含むその系列字は、全体として数百字にも及ぶであろう。それらの文字は𠙵の原義を明らかにすることなくしては、その全系列字を的確に理解することはできないのである。𠙵を祝告の器とする説は、私の『載書関係字説』（『甲骨金文学論叢』第二集、一九六〇年）にはじめて系統的な論証を試みたものである。また同『論叢』所収の『釈文』『釈師』などにおいても、それぞれ形体素の系列的理解を論じた。それは古代文字学の方法として必要であるのみでなく、漢字の問題を考えるとき、つねに基礎的な要請として考慮すべきものであると思われる。このような全体的認識の場があれば、あの四分五裂の字体の改変を免れえたであろうと思われる。

文字系列の例として、これまでにも才（Ⅱ—14）、余（Ⅱ—18）、方（Ⅲ—24）、𠂤（Ⅲ—28）、力（Ⅲ—30）、至（Ⅳ—36）、莫（Ⅳ—39）、真（Ⅳ—40）、夭（Ⅴ—46）などの例をあげてきたが、なお一、二の例について述べよう。

活

口舌の舌と死活の活とは、音系が異なるので容易に識別される。舌部には舐《し》（なめる）・甜《てん》（あまし）などの字がある。死活の活の旁はもと昏《かつ》とかかれ、曲刀で𠙵を刮《かきと》る意。割と同じくのりとの𠙵を害してその呪能を除くをいう。乱・辞の舌はいまの略字で、形は同じでも別字である。

盗◎

次は息つく姿で、咨・恣・諮などはその声義を承ける字であるが、盜（盗）の上部は羨《せん》の下部と同じ。羨は祭りの余肉をいう字であるが、盗はその皿中の

余肉を盗むような小盗人ではない。盗は国盗人である。いま皿形にかく部分は、本来は血であり、同族者としての血盟を意味する。盗とはその族盟の器に水をかけ、盟約を罵ってけがす行為をいうもので、氏族の離叛者であるが、盗の字形ではその意味をあらわすことはできない。かれらは族盟による共同体を棄てて、自由に行動する反体制者であった。春秋末の大盗として聞えた盗跖《とうせき》は部下数千人、天下に横行して諸侯を恐れさせた。『詩経』の詩篇にみえる盗は、すべてそのような謀叛人たちである。

かれらは古代氏族社会の崩壊期に、その体制の離叛者として生まれた。『左伝』にみえる盗は、おおむね暗殺者集団である。もし字を盗に改めるならば、それは台所の皿の残りものに向かって吝《なげ》くあわれな小盗人と化するであろう。一小点の有無という問題だけではない。

## 48　形体素

表音文字における音素に対して、表意文字の表意部分を形体素とよぶことができよう。形体素はまた音系をなす場合と、必ずしも音に関しない場合とがある。

解釋の釋はいまは釈とかかれ、釋の本義は不明となった。仏籍に釋迦を尺迦とかくことから出たとされる略字である。釋は猛獣の爪で裂かれた獣の屍体である。獣の掌

番◎

を番といい、のち膰に作る。熊掌《ゆうしょう》は特に美味とされるが、番は獣爪《じゅうそう》と掌を示す。睪《えき》は獣屍。それをとるを擇という。上部は頭、下半はその肢体で、すでにずたずたに釋《と》きほぐされている。殬《やぶ》る・斁《やぶ》るとはその屍体をいう。それは釋《と》くに従って釋きほぐれるもので、それを繹《えき》という。演繹とはその意である。その次第をもって相及ぶことから遞伝《ていでん》するものを驛（駅）という。ことばをもって相遞伝するものは譯（訳）である。相及ぶもののうちに選択を加えるのは擇（択）である。

択◎

睪の音系に、譯《やく》・繹《えき》・驛《えき》の系統と擇《たく》・澤《たく》・鐸《たく》・斁《と》の系統があり、釋《しゃく》と合わせて三音となるが、これらの音は古くは同じであったのであろう。睪は喩母《ゆぼ》とよばれる喉頭音のiに属している。その声母に属するものに甬・昜・延・也・台《い》・俞などがあるが、それらを形体素とする字にもt系の字があり、古い時代にはその語頭にt音を含んでいたものと思われる。すなわち睪に従う字は、澤・鐸のような声義の関係の認められないものを除いて、他はみな字の表意的な形体素であるとともに、またその声をも承ける関係にある。これを亦声《えきせい》という。

図17　𣪘　盛食用の器

亦声の場合には、略字体の使用に注意を要する。尺は本来釋の音を示すものであった。それを訳・択に用いるのは、略字としても変則である。佛（仏）は音訳の字であるが、その俗字である仏を払に適用するのもふしぎなことである。同じく弗に従うている沸は弗のままである。

一つの形体素を中心として、字が派生的に作られてゆくこともある。皀《き》は青銅器の𣪘《き》といわれる盛食用の器である。𣪘はその器中のものを勺で挹《く》み取る形である。皀に覆いをかけたものは冟《べき》、蓋をした形が食である。𣪘の前の席に即《つ》くのを卽（即）という。もし皀をはさんで両人対坐すれば卿となる。公卿とは、宮廷の饗宴儀礼の際に、このような席を与えられる貴族高官のことである。

その宴席を饗という。卿・鄕（郷）はもと同じ字であるが、卿は公卿の意に用いられ、饗宴の字には郷にさらに食を加えた。いわゆる重複の字である。対坐を郷というのであるから、嚮もまた重複の字である。

すでに食し終わることを示すものは既（既）である。旡《き》は頭をそむけて既に厭足《えんそく》（満足）の状にあることを示すものである。終わって口をそそぐことを漑《そそ》ぐといい、息を吐いて休むのを嘅《かい》という。嘅はまた慨《なげ》くときにも用いるが、その姿勢を慨《うれ》たしとするものであろう。𣪘に対する行為によって即・卿・既などの字が派生し、郷・既はまたその音系の字を派生してゆくのである。

## 49 同形異字

文字が本来の形象のままで用いられているときには、同形異字ということはなかった。どのように微妙な区別でも、筆意の上にあらわすことができたからである。しかし文字を線条化して一定の構造法に統一すると、従来の区別が失われることがある。同じ形体素の間に、声義の著しい相違がみられるときには、そういう問題があるとみてよい。

口には三系の字がある。口耳の口、のりとの器の𠙵、それに一定の区域を示す囗である。口耳の口に用いられる字は甲骨文・金文にはその例がなく、ただ舌のように舌の形をも含めた全体形象の字があるだけである。卜辞に舌を病んで卜する例があり、これは口舌の形とみてよいが、舌頭は蛇のようにわれた形である。のりとの器である𠙵については、すでにしばしば述べた。古代の祭祀儀礼は、神に対する祝告を主とするものであるから、古代の文字にその形が圧倒的に多く用いられているのも当然のことである。

囗は区域を示す。人の住むところを邑という。邑を征することを正という。征服による支配は正当化されるのである。邑に聚《あつま》るものを衆という。のち上部を目の形にしているのは、古代における字形の変改した稀有の例である。もしその目が臣と同じ意味をもつとすれば、それは神につかえるものを意味しよう。従って衆人による耕作は、神田の耕作となる。それが衆人の本来の存在性格であるかもしれない。古代の奴隷的なものは、起源的にはすべて神事に関しているようである。

或◎

國（国）は或に従う字であるが、或が國の初文である。或は居住地の邑を、戈をもって防衛する意であるが、のちさらに外側に囗を加えた。城壁とみてよい形である。いまの国は囗のなかに玉をかく。どうして王を入れなかったのか。主権在民の憲法の規定を顧慮したものか、あるいはまた玉でも王でも同じというのであろうか。それならば将棋の駒の次元で国字問題を考えていることになろう。

谷の形をもつものに容・欲・浴・俗・卻など音系の異なるものがある。本来の字の形象が、必ずしも同じでないからである。容は金文では祈り（𠙵）に対して髣髴として廟中にその人が現われることをいう。あるいは祀られる人の姿が現われるのであろう。廟歌をいう頌、祖霊に訴える訟はともに公に従い、公とは公宮の平面形である。

俗◎

欲・浴は容と同じ系統で、字は𠙵の上に左右の両斜点を加える。神気のあらわれる状で、欲はそれに祈り訴える意、浴は沐浴して神気を受けるもので、みそぎであろう。このようにして神に接する儀礼の日常化したものを俗という。金文では欲の意に用いる。これらの字は、渓谷の谷とは何の関係もない。卻はまた却ともしるし、去は敗訴して退去させられる意である。山谷の谷は、谷口

の祭祀の行なわれるところをいう。わが国のヤナ、エキ、またタニカヒと称するところで、これもまた別系の字である。

## 50　省略と重複

字義の分化に従って字形もまた変化してゆくなかにあって、字形の原意をそこなわない範囲において省略し簡化することは、すでに卜辞・金文の時代においても行なわれていたことであった。たとえば受霊の儀礼である保には、頭上の玉と裾に加える衣

賜◉　◎

とは必須のものであるが、玉を略していることが多い。賜与の易の字形が何を意味する形であるのか、久しく疑問とされていたが、近年上海博物館に収集された徳鼎の銘などにその全形がみえ、それは酒を賜う形であることが知られた。従来所見の金文には、すべて省略形でかかれていたものである。文字には、はじめからそのような省略体のものを含んでいる。それは成立当時の文字が、すでに高度に抽象化されているものであることを示している。字形解釈上の困難は、おおむねその抽象された表象の実体把握の困難さにあった。ㅂ・

図18　徳鼎銘　賜の字形

灋◎

去◉

皀・皁などみなその例である。

省略によって、字形的に意味が不明確となることもある。法の初文は灋《ほう》であった。獬廌《かいたい》とよばれる羊を用いる神判において、その敗訴者を獬廌とともに水に流す古代法のありかたを示す字である。去は大と厶、大は敗訴者、厶は凵の蓋を破棄したもので、敗訴者が神判にあたって行なった自己詛盟は偽であり、神をけがすものとしてこれを去り祛《はら》うのである。灋はそのすべての要素を含むが、獬廌のみを皮袋に包んで棄てる形の字もある。その皮袋は鴟夷《しい》とよばれるものであった。越王勾践《こうせん》につかえた謀臣范蠡《はんれい》が亡命するとき、名を鴟夷子皮と改めたのは、自己追放の形式をとったのである。いまの法の字には、そのような古代の羊神判のなごりはない。

重複の字には、たとえば舞の初文である無にまた舛《せん》を加えて舞とし、犬肉を焼いて天神を祀る然に、さらに限定符の火を加えて燃とし、爪を切る意の前にさらに刀を加えて剪とするなどがある。いずれも本来の訓義が失われて、改めて本訓の字を作ったものである。

𤕌◎

蓄◎

重複の重は重さをいう字であるから、重複というときには本来は緟《しょう》の字をかくべきである。金文の字形では、それは𤕌《しょう》とかかれる。𤔔《らん》は糸かせの上下に手を加えている形である。旁の東は橐《ふくろ》、この中に染めるための糸が入れられている。下の田は、色を染めるための染料を入れた鍋である。蓄という字も、この染色鍋に糸たばをひたす形である。それで𤕌は、染色のために糸を鍋にひたす意であり、一入二入、あるいは三入五入して、しだいにその色を深めてゆく。それで重ねるという意味が生まれる。重複とは𤕌複であり、のちの字では緟複である。緟は𤕌の略体字であるが、さらに略して重とすると、もはや重ねるという意味は生じない。『周礼《しゅらい》』冬官に染色の官を「鍾氏《しょうし》」というのは𤕌の誤りで、『周礼』の記述が西周期の伝承によるものでないことを示している。字形学は古代の文献批判の道をも開くのである。

# Ⅵ　字音と字義

## 51　音素について

文字構造の上から、音を示す部分とみられるものを、音素とよぶことにしよう。意を示す形体素に対するものである。漢字は本来表音文字でなく、表音の機能は仮借や形声においてはじめてあらわれるのである。しかし仮借や形声の字も、それ自身表音的であるのではなく、すでにある象形字や会意字の音を借用しているだけである。厳密には音素というべきものはなく、それは類推もしくは帰納音というべきものである。

代名詞に用いる我は鋸の象形字であり、犠牲を斬る義などにその形義をとどめている。その我《が》という音は、俄・娥・峨・蛾・餓・鵝などの字の帰納音として確かめられるもので、義も古く我の声であったことは、音韻史的に知ることができる。否定の副詞である不も、その系統の丕・否はいま必ずしも同音同声ではないが、西周金文では不を丕や否に通用していて、古くは同音であったと考えられる。

音素として用いられている字の音を、その音素を含む字の音によって帰納的に求めるほかないということが、古代字の音を考えるときに、まず当面する問題である。そしてこの場合においても、字形についての正確な知識が要求される。たとえば谷・容・裕・欲・俗・郤などの谷をみな形義の同じものとしてその音を帰納しようとしても、系列の異なるものを一に帰することはもとより不可能である。字音を正すにもまず字形を正し、字の形義を確かめることからはじめなければならない。

また字形について、その正しい形がえられたとしても、それが声符であるのか意符であるのか、すなわち音素であるのか形体素であるのかを、よく見定めなくてはならない。彡《さん》は美しい輝やきを示す指示的な字である。これを含む字には形・彤《とう》・彦《げん》・修・彫・彰・影・彩・彬《ひん》などがあるが、一つとして彡声の字をみない。彡はいわば状態的な附加要素としてそえられているもので、字の形体素としても独立性のないものである。字書には、たとえば參（参）を彡声の字とするものもあるが、この字にだけ彡声を認めるのは誤りであろう。參は婦人の髪飾りとして加えるもので、字の立意は齊

斉◎　参◉　◎

（斉）と同じである。簪《しん》頭に玉をつけて、これを並行に髪に挿したものが齊、左右を斜に傾けて中央に集める挿しかたのものが參、いずれも髪の簪飾である。參にももと簪に近い音があったはずである。參を三の義に用いるようになって、三の音に近づいたものかも

しれない。輝やく星座の名は參《しん》、三頭立ての馬車は驂《さん》である。孔門の曾參《そうさん》は字は子輿《しよ》。普通には曾參《そうしん》とよまれているが、參は驂の略、驂《そえうま》と輿《こし》（車体）とは意味的な関連があるので、名と字《あざな》とに用いる。『詩経』の魯頌『閟宮』に「三寿」（長命）という語があり、西周期の金文宗周鐘には「参寿」という。

形義近くして音も近いという関係にあるものもある。䨣《は》は霸の初文で雨ざらしの白けた獣皮、暴《ばく》は日ざらしの獣皮で、いずれも白の義があり、唇音のp'、b'を語頭にもつ語である。

## 52 音の系列

音素が一定の声義をもって用いられ、限定符をとって形声字を構成していることがある。音系列として最も安定したものであるが、文字としても最も発展した形態のものと考えられる。

民国初年の劉《りゅう》師培《しばい》は、若くして北京大学の教授となり、多くの新教科書を編したが、文字学には『中国文学教科書』第一冊がある。劉氏は音系列の例として工・可・

中・蒙・句・介・享・単・者・廷・巠・申・侖・戔・䜌・音・兼・貴・需・兪・寺などを声符とする字をあげ、その基本義の規定を試みている。たとえば句を声符とする枸・拘・苟・鉤・劬の五字にみな句曲《こうきょく》（曲り連なる）の義あり、巠を声符とする莖・脛・頸・勁・輕など八字をあげてみな則字（基本）の義があるとし、䜌《ばん》声の字として變（変）・欒《らん》・彎《わん》の三字をあげていずれも更（変更）と屈（彎屈）の義があるとし、兪《ゆ》声の字として逾・喩・愈の三字をあげて、みな過ぐる意があるという。

　このような声義の規定は、その音素とする字の形義に十分な知識をもってはじめて可能であり、系列字もまたその解釈を支持するものでなくてはならない。句がどうして句曲の基本義をもつかは、句が屈尸葬の形を示し、局がその最もはなはだしいものを示すということによって、はじめて確かめられる。句曲の義は佝・耇《こう》（背が曲る）などの人体の用法より演繹して他にも及んだのである。

巠◎　経◎

　巠は經緯の經（経）、織物の縦糸を本義とする字であり、巠は縦糸を機にかけた形である。すなわち垂直にして機軸となるものをいう。もと機織に用いるものであるが、これを人体に施して頸・脛のように用い、さらに莖・輕などにも及ぼすのは、その基本義の演繹である。

䜌◎

劉氏は䜌声の字について變以下の三字をあげ、變よりして變更、彎よりして彎屈の義を導くが、音系列をなさず、声義に一貫性がない。䜌は自己詛盟を意味する言の左右に糸飾りをつけたもので、この糸飾りは幾につけた璣組（くみひも）と同じく呪飾である。言の呪能を強めるためのものであろう。變はこれに下から攴《ぼく》を加えて撃つ形であり、その呪詛の効用を変更させようとする呪的行為を示す。更も丙形の呪器に下から攴を加えてその呪能を変更する行為で、いずれも呪器に攴を加えることを示す会意字である。欒・彎も音が異なり、同じ音系列の字とみなせず、形声字とはしがたい。䜌は金文では蠻夏《ばんか》（外夷と中国）の蠻（蛮）に用いる。虫は四夷を獣類とする中華思想によってのちに加えたもので、漢が委奴国王や滇《てん》王に与えた金印は、蛇形のつまみをつけた蛇鈕《だちゅう》印であった。

兪についてはすでに述べた（五七頁）。膿血や患部を手術刀で除去して、これを盤中に移す字である。それで愈・愉・癒などはみなその系列の字であり、また逾・踰・輸なども、これを除去して他に移すことと関連するものといえよう。このように声義の系列的関係が維持されている場合、他の要素がかりに限定符的なものであっても、なお亦声《えきせい》の字と解してよいようである。

## 53　亦声について

　形声関係のうち、声符として用いられているものが、この系列字において一般的概念として用いられているもの、たとえば巠は本来機織の縦糸を示すものであるが、その具体的な意味を離れてただ垂直にして全体を支えるものという意味に抽象化して用いられているとき、これを亦声とする。莖は花萼《かがく》を支えるもの、徑は直線的な近道である。しかしいずれも経緯の経という意味を維持しているのでなく、一般的な概念として演繹的に用いられているのであるから、会意字ではなく、また単なる声符ではないという関係にある。形声字のなかで、このように声符に一貫する意義を含むものがあるとき、亦声という。

　韋には皮韋（なめし皮）の字と韋違の字と二系あり、皮韋は象形、韋違は口（邑）をめぐるという意味を有する字である。緯・違・衛の場合は後者であって、亦声の字であるが、偉・葦は意味的関連を含まないから形声である。巽《そん》は二人

並んで神前に舞う形で、それよりして神に供えるものをいう。僎・選はその舞う姿、饌は供薦のものであるから、いずれも神事に関しており、亦声の字である。周（周）は方形の干《たて》に稠密な文様を施した字で、ときには前に祝告の⊔をそえる。それは稠密な文様の意を含む字であるから、この形を含む彫・畫（画）は会意、啁・稠・綢・週・調などは亦声、ほとんど意味の関連をもたない凋・惆は形声ということになろう。凋は凋葉の葉文、結氷の形の類似、惆は凋を心理的に反映した語であろう。このように会意・亦声・形声の別を考えるときにも、字の初形初義を知らなくては、弁別の基準をえがたいのである。周を声符的に含む字は、一般にほとんど形声字とされているが、形声字も本来は亦声的な声義の関連の上に声符をえらぶことが多く、みだりに任意の字を用いたものではない。ただ鳥獣草木の類には共通義による命名ということはありえないから、従って特定の概念をもつ声符を用いることも少ないわけである。

巽◉ 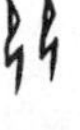

周◉  ◎

画◎ 

其◎ 

声符として用いられることの多い字でも、共通義の容易に求めがたいものがある。たとえば其は箕《み》の象形字である。その字を含むものは基・期・碁・欺・

琪・旗・綦・䫏・騏・麒などははなはだ多く、『説文』に二十一字をあげているが、その間に共通義とすべきものはほとんどない。

帝◉

また帝はもと神を祀る祭卓の象である。それでその祭卓をもって祀る対象を帝といい、その祭儀を禘といった。諦は神意に問う審諦の義であるからなお亦声であるとしても、しかしこれを揥・締・蹄に用いるのは締結の義があるとしても帝の義からは遠く、形声というべきであろう。

中国の字音の数はいまの北京語で四百十一、アクセント別として千三百四十四あるとされる。『説文』に声符とする文字の数は、『説文解字注』を書いた清の段玉裁の整理するところによると千五百二十一、また同じく清の苗夔《びょうき》の『説文声読表』によると千七百七十四にのぼる。すなわち字音数の約四倍の声符を用いているわけである。それは非表音的な象形・指事・会意字のほとんどが、表音字として用いられていることを意味する。漢字においては、混乱は主としてこの表音字、すなわち形声字のうちにある。

## 54 転注説

漢字の構造法について、象形・指事・会意・形声・転注・仮借を合わせて六書《りくしょ》という。前の三者は表意的構造、後の三者は表音的な方法と考えられているが、このうち転注については古来定説がない。『日本古典全集』本の狩谷棭斎《えきさい》『転注説』の解題としてかかれた与謝野寛の『転注説大槩《たいがい》』には、数十家の説があげてあるが、いずれも首肯するに足るものがない。

転注というのは、許慎の『説文解字叙』によると、「建類一首、同意相承く」るものであるという。この規定を、一つの形体素が声義の上で系列をなしているものと解しうるならば、さきにあげた亦声字がこれにあたることになる。ただ『説文解字叙』にはその字例として「考老、是也」と声の異なる字をあげていることが問題となるが、この四字は後人の附加とする説もあり、文字構成の上からも、偏《へん》中心のいわゆる部首系に対して、旁《つくり》中心のこの系列を立てることが、字形学としては原理的な統一をうることになる。

すでに亦声字としてその例二、三をあげたが、この関係のものはかなり多いのである。侖はめぐらした柵の形で、その全体は相対立するものの統一に

侖◎

妻○

よる秩序をあらわす。倫・淪（なみ）・綸・輪はみな相対するものの秩序、論は対論である。妻は女子の頭髪を高く重ねて結んだ形で、高きもの、なかの透《す》けるもの、内実の衰え乱れたるものを意味する。樓・僂・寠・瘻・縷・螻・髏などはみなその意を承ける。

曾◎

しかしこのような関係が、同じ声符の間につねにあるというわけではない。曾は甑《こしき》の初文で蒸し器であるから、重ねたものを意味する。層・增などはその義を承ける字である。しかしたとえば同じく曾を声符とする僧・憎・噌・矰（いぐるみ）・贈などは必ずしもその意を承けるものではない。すなわち声符の字の選択は、この場合任意的になされているにすぎないのである。

声符の字の選択が任意的であることは、たとえばオノマトペ、すなわち状況を音声化する写声語において著しい。逍遥を招搖、相羊を襄羊・尚羊などと、同じことばを文字をかえてかくのはその例であるが、文字の構造の上にも、音の選択が任意に行なわれて、同声字と交替するという現象が起こることがある。

煮《しゃ》は煮《に》るとよむ字である。しかし者は書の初文であり、者の上に聿《いつ》（筆）を加えたものが書であるから、者を火上において煮ることはありえないことである。煮の本来の字は庶。庶は鍋を火にかけた形である。者と庶が古く同声であるため、者に火を加えて煮沸の字とした。者と庶との交替の関係は、庶と諸、遮と堵のように庶・遮が諸・堵の義をえていることからも考えられる。庶は本来庶羞《しよしゆう》（神へのお供え）の意であるがいまはその義がなく、西周の金文にすでに庶人・庶民・庶士、あるいは『孟子』に庶幾（こいねがう）の意に用いている。みな仮借の用法にすぎない。字の声義による系列化には、ときにこのような交替の現象があることにも注意する必要がある。

庶◎

## 55 形声字と音

同一の声符をもつ形声字の音は、同一であるはずである。しかし同じ声符をもつ字でも音の異なるものがあり、声符のもつ音価に問題がある。者の字についてもシャ・ショ・チョ・トのような音があるが、これは会意字をも含むものであるから、その同族語とすべきものもあろう。しかし単なる形声字の場合、しかもその異なる音系があ る法則性をもってあらわれてくるということになると、そこには古代音韻の問題のあることが推測される。いまそのいくつかの例をあげよう。

〔各〕 客《かく》格恪　絡《らく》洛落酪　略《りやく》　路《ろ》賂輅

〔京〕 景《けい》剠勍黥鯨　涼《りよう》諒　掠《りやく》

〔柬〕 揀《かん》諫　闌《らん》　練《れん》錬

〔兼〕 溓《けん》謙歉　嗛《かん》　廉《れん》賺簾

〔監〕 艦《かん》鑑　濫《らん》藍

以上の声符の文字は、語頭がkとlとの二音系に分れているが、これはスウェーデンの中国語学者カールグレンが考えたように、その語頭がもと子音群よりなるものであり、その子音の分化によるものであろうと思われる。

語頭音分化の現象は、語頭に母音をもつ喉頭音においてもみられる。喉頭音はiと·iの二種であるが、このうち子音に転化するものがある。

〔也《い》〕 他《た》　池《ち》地馳　〔台《い》〕 怡詒貽　怠《たい》苔殆　治《ち》笞　〔炎《えん》〕 琰　剡《せん》　淡《たん》啖談

痰毯　〔易《い》〕 蜴《えき》　剔《てき》惕逷　錫《せき》　〔匀《いん》〕 筠韵　均《きん》鈞　〔員《いん》〕 隕殞韻　塤《くん》勛

〔于《う》〕 宇迂紆　吁《く》盱訏　〔延《えん》〕 涎筵挻蜒　誕《たん》　〔爰《えん》〕 援猨媛　煖《だん》　諼《かん》緩

〔憂《ゆう》〕 優懮耰　擾《じょう》

語頭音にこのような問題があるのみでなく、音節の母音部分にも、時代的な変化のあとがみられる。わが国の推古期遺文にみられる、

宜　巷宜《ソガ》名伊奈米大臣　（露盤銘）

奇　巷奇《ソガ》名伊奈米大臣　（丈六銘）

　　止與美擧奇《カ》斯岐移《ヤ》比彌天皇　（丈六銘）

移　等已彌居加斯支移《ヤ》比彌乃彌己等　（繡帳銘）

侈　久波侈《タ》女王　（上宮記系譜）

などの音は、大矢透博士の『仮名源流考』にいうように中国の古代音のなごりを存するものとみられ、『詩経』には皮蛇・河儀・羅為・阿池・左宜・多馳・猗何を韻しているような例が多い。

古代音の復原については、音韻変化の法則性を求めるために形声字の音系や押韻の研究が行なわれているが、もともと表音的方法を欠く漢字によるその作業は、きわめて困難なものとされている。カールグレンがその古韻研究の端緒を作り、のち中国や

わが国の学者によって研究が進められているが、たとえば斤《きん》と旂《き》、軍《ぐん》と輝《き》、難《なん》と儺《だ》、番《ばん》と皤《は》のようなｎの脱落過程についても、耑《せん》と揣《し》・瑞《ずい》のような形をとるものもあり、そこにどのような法則性を求めうるか、問題は限りなく多い。国字としての漢字には、漢・呉音以前の問題として、その知識の整理を必要とするところがある。

## 56　音義説

同じ音系の語は同じ意味をもつとする語源説を、音義説という。同じ音系の語が同一の概念を含むことは、たとえばわが国のヘミ（へびの古語）・ヒモ・ハモの語形の類似などによっても説かれるが、中国語のような単音節の場合には同音語はきわめて多く、みだりに音義説をとるべきではない。『説文』は文字学書としてすぐれた体系をもつものであるが、その字説に音義説の多いことが最大の欠陥となっている。それはこの時期における天人相関的な自然観にもとづく言語観として、字の音と義とを意味的に結合して、そこに体系を求めようとする素朴な語源的興味を追求する傾向があるためであった。

『説文』には、同音をもって訓を加えている例が多い。「日《じつ》は実《じつ》なり」七上、「月《げつ》は闕《けつ》なり」七上というのは語源説としての説解であり、太陽はつねに実《み》ちていて盈虚《えいきょ》することがなく、月は盈虚をくりかえすという現象によって、すなわち実と欠とによって、日と月とが名づけられているとするのである。「天は顚《てん》なり」一上というのも、字形としての天は人の頭を意味するが、音義説としては自然的存在の最上にあるものとするのである。存在も現象も、すべて人の認識と感覚とを通じて名づけられるというのが、天人相関的自然観のもとにおける語源説であった。それで『説文』の訓には、音の関係を説くものが多く、日・月・天の場合のように、同じ頭音をもつ語、すなわち双声をもってするものと、同じ語尾音をもつ語、すなわち畳韻《じょういん》をもって説くものがはなはだ多い。頭音は喉音i、iのほかはおおむね子音、語尾音は韻ともいわれるもので、母音以下の音節である。「旁《ぼう》は溥《ふ》なり」一上はともに「あまねく、ひろし」の意をもつ字で双声、「王は天下の帰往するところなり」一上とは、前漢の董仲舒《とうちゅうじょ》の天地人三才説による解釈であるが、往は王に対して畳韻の字である。双声や畳韻の訓は、音義説的語源説を前提とするものである。

この傾向は、同じく後漢の劉熙《りゅうき》の『釈名《しゃくみょう》』に至ると、いっそうはなはだしくなる。

「日は実なり。光明盛美なるなり」、「月は欠なり。満つれば則ち欠くるなり」は『説文』を布演するものであるが、「星《せい》は散《さん》なり。列位布散するなり」、「暑《しょ》は煮《しゃ》なり。熱きこと物を煮るが如きなり」、「雨《う》は羽《う》なり。鳥の羽動くときは則ち散るが如きなり」、「地《ち》なるものは底《てい》なり」、「土《ど》は吐《と》なり。万物を吐き出だすものなり」、「山《さん》は産《さん》なり」、「霜《そう》は喪《そう》なり」、「室《しつ》は実《じつ》なり」、「城《じょう》は盛《せい》なり」は音義の関係が必ずしも切実でない。また「人は仁なり」、「身は伸なり」、「骨《こつ》は滑《かつ》なり」、「髪《はつ》は抜《ばつ》なり」、「眉《び》は媚《び》なり」、「目《もく》は黙《もく》なり」、「口《こう》は空《くう》なり」など、身体髪膚に至るまで、みな同音語やオノマトペ（擬声語）の世界となる。「目は黙なり」など、字書とも思われぬとらえかたである。

清末の劉師培もその説を好み、山は三峰の三、水・火はその音、羊・牛・雀・鵲・蛙はその鳴声、木・竹・銅・板・滴・撃はみなこれをうつ音のオノマトペ、流は急水の下り注ぐ音であるという。これらの説は、劉師培に一時大きな影響を与えた章炳《しょうへい》麟《りん》の文字学から学んだものであろう。

## 57 語群の構成

文字は形体素の系列、音素の系列によってその系統化を試みることができるが、しかし同音あるいは双声、畳韻の関係で通用するものも多く、その通用仮借の関係をも含めて語群の構成を試みることも、もとより必要である。そのことに注意したものには清の乾隆・嘉慶期の王念孫や朱駿声《しゅしゅんせい》などの研究があるが、その方法を最も大胆に語源説にまで適用したものは民国初年の章炳麟であった。かれによると「道原窮流（基本を明らかにし、展開をきわめる）、一形を以て衍《ひろ》めて数十と為すは、則ち能くその微を知るものなし」、すなわちその語源説はかれの独創するところであるという。かくて四百五十七条にわたって語群の系統を論じたものが『文始』である。そのうち一条の要旨を紹介しよう。

説文に疋《しょ》は足なりという。疋はまた大雅の疋《が》に用い、また記の意もある。疋の声転じて迹《せき》となる。倉頡《そうけつ》（文字の創作者）が鳥獣の迹をみて書を作ったので、疋はまた書記の意となる。疋は疏ともしるす。雅は烏であるがこれを雅頌の意に用いる。疋に書記の意があるのは、疋（雅）も疏もともに神明に告げるものだからである。疋にまた書契と同じく刻の義があり、窓に刻するのを疏窓という。君門（皇居の門）を瑣《さ》というのは疏の声義を借用したもので、漢代には瑣をまた疋に仮借して書記の意に用いる。疏の声変じて匠《しょう》となり組《そ》となる。匠は刻画《こくかく》をことし、組は組紐をいう。また変じて索《さく》となる。疏通の器は梳《そ》、才知あるものを諝《しょ》という。疏は延《そ》ともしるし、爽《そう》もその声の変じたものである。要するにこの語群は疏通爽明の基本義をもつものである。　巻五

まことに才を恃《たの》んだ強引の説で、当時の内外人は、この変幻自在の論に翻弄されたものであった。疋は金文に足の形にしるし、すべて輔佐の意に用い胥の義である。後世書記のことを胥吏という。疋を大雅の雅《が》に用いるのは夏の仮借。夏は楽曲の名である。古くは頙《か》としるし、疋は頙の省略体である。疏《そ》・匠《しょう》・組《そ》・索《さく》を一系の語とするのは武断もはなはだしい。また爽は、死喪の礼において人の屍体を聖化する文身の法で、奭《せき》とともにもと文身の美をいう語である。

章炳麟のこのような語源説は、「その音変じて」、「また転じて」というように、語音群の間に転移の現象をもつ対転・旁転《ぼうてん》とよばれる方法をほとんど無制限に用いてい

るが、この法を無制限に使うと、単音節語である中国語の語音は数音に帰することもできる。音韻の変化はいうまでもなく一定条件のもとに行なわれるものであり、語群の構成にこのような方法をとるべきでない。

文字はその形体素による形義的系列化、音素による声義的系列化を試みたうえに、通用関係に立つことの明白なものの間に音関係を設定するという方法をとるのでなければならない。特に単音節語においては、同音でも意味系列の異なるものが多いのであるから、その検証のためにも字形学が基礎となるべきである。卜辞・金文を偽作と称して学ぶことを拒否した章氏の学に限界のあることは、当然のことである。

## 58 単語家族

章氏のこの破綻にみちた語群説には、しかし意外に追随者が多いようである。劉師培のごときもその一人であるが、わが国にもその祖述者がみられ、藤堂明保氏の『漢字語源辞典』は、その方法による代表的なものであろう。それはカールグレンの音韻研究にもとづいて、章氏の試みたところを再編成したものであるが、基本的な方法は章氏と異なるところのない素朴な語源説である。

その語群は単語家族と名づけられ、二百二十三家族を設定し、それぞれの語群の基本義を定めている。いまその数例を紹介しよう。＊以下に、小批を加えておく。

士・事・史は「立つ・立てる」を基本義とする。士は男子の性器の立つ形を示す象形字、事は旗印を立て、また物を地中にさしこむをいう。史は手に竹筒に入れた竹札や、または旗印をもつ形であるとする。（一〇四頁）

＊士は王や父と同じくその身分を示す儀器で、鉞の刃部を下にしておく形。在はこれに聖記号をそえたものである。史・事はともに𠙵を神桿につけて神をまつるときのもの。いずれも「立つ」とは何の関係もない。

古・各・京は「かたい・まっすぐ」を基本義とする。古は枯れた頭蓋骨の象形、各は足を引きずって固いものにつかえること。客はそれにひっかかってとまるもの。京は高と同じくたかい楼閣の象とする。（三八五頁）

＊古は吉・吾と同じくのりとの𠙵に聖器をおいてまもる義。各は招かれて降りてくる霊で、廟中に格《いた》るものは客である。京は凱旋門の象形。三字とも語源の子音構成は異なる。

微・媚・文・民は「小さい・よくみえない・微妙な」を基本義とする。𢼸は細い髪の毛、微は微行（しのび歩き）する意味である。媚は細くこまかなこと、文は紋の原字で物の声の転じたもの。民は盲目の人で無知なものをいうとする。（七三二頁）

＊媚は巫女を示す字、微は長髪の巫女を殴つ呪的行為を示し、その呪力を微弱にする意。文は文身。民は臣と同じく神にささげられた奴隷である。微・媚が同系のほかは、これらを通ずる基本義はどこにもない。

壬《じん》・男・南は「なかに入れこむ」という基本義をもつ。壬はなかにたっぷり入れこむ、妊の義。男は入りこむもの、入りむこ。南は植物をかこい暖める形で、南の意となる。南は納屋の象形である。（八〇四頁）

＊壬は堪任（たたき台）の器。男は農地の管理者、南は南人の用いた銅鼓の形で、これを撃つ形の字もある。

南◉

⿰南殳◉

これらを通じて、語群としての音系列も、字形学的なその構造の解釈も、ほとんど体系をなしていないことが知られよう。音義派の語源説は、わが国でいえば「夜寝ずに見るからネズミ」式のまこと

に素朴な俗説にみちている。このような俗説の盛行にまかせているかぎり、正しい漢字への理解の道はない。

## 59　嗚呼について

字の本義が失われ、音の通用の義にのみ用いられるものを仮借・仮借字といい、字に本義の使用が残されていて、仮借的に他の義にも使用されるとき、これを仮借義とよぶことにする。感動詞は本来擬声的な語とされているが、烏乎《ああ》・嗚呼《ああ》・於《ああ》は仮借義の用法と思われる。

烏◎

烏は象形字であるが、その字形はふしぎに生気を失った形にかかれている。下体は力なく垂れ、何かに繫けられているようにみえる。烏を孝鳥などというのは後世のことで、この色黒く貪欲にして忌憚なき鳥は、古くから悪鳥とされていたことは疑いない。『詩経』にも「誰か烏の雌雄《しゆう》を知らんや」（小雅『正月』）と歌われ、名うてのやくざものにもたとえられる。作物を荒らす烏は、いまも農作地でよく行なわれるように、季節どきには殺して木の枝や縄に

かけわたして、烏よけに使われたのであろう。金文にみえる烏は、どうみてもその悪たれ烏のさらされているすがたである。

乎◉　◎

　乎は鳴子板の形である。それはもと、神をよぶときに用いたものであろう。つまり拍子木のような役割のものである。烏と乎と、この両者を合わせて烏乎《ああ》という感動詞にしたのは、その字音を用いたものであろうが、のち詠歎の語気をそえる意味で嗚呼という字となる。それで形は整うたが、嗚という字形になっても、あの縄にかけわたされた烏が鳴き出すわけではない。『説文』四上の烏の字の下に、古文としてふしぎな字形が二つしるされている。第一の古文は羽ばかり四本、第二の古文はその省形と説明されているが、字形は於に近い。

於◉　◎

　そしてこの第二の字形に近いものが、周初の康王期二十三年の大盂鼎《だいうてい》にみえ、於《ああ》という感動詞に用いられている。もしこれが『説文』古文の第二字とすれば、それは烏の異体字である。金文には烏虖《ああ》がまずあらわれ、ついで大盂鼎の於《ああ》だけ単用する例があり、列国期になると徐国の鐘銘に於虖《ああ》という字がみえる。於は烏とちがってその本義において用いられることはなく、「於《おい》て」というのは仮借である。

「於て」は介詞《かいじ》、すなわち前置詞の用法であるが、それは金文では斉の国の器物にだけみえる用法であるから、斉の方言であるかもしれない。同じような用法のものに于《う》があり、『左伝』では於と于との用法に厳密な区別があって乱れていないという事実によって、カールグレンは疑古的研究者によって主張されている『左伝』偽作説をしりぞけたのであった。わが国の甲乙二類の古代仮名の区別のように、於・于の区別に

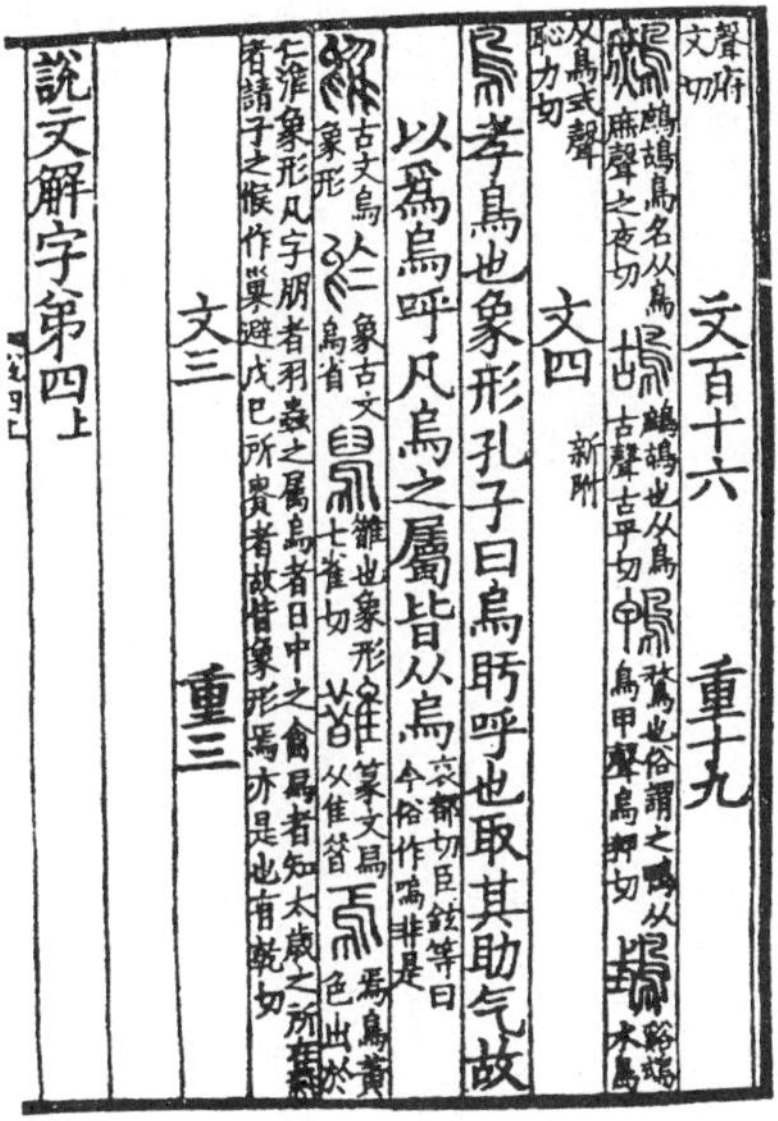
聲 府文切
文百十六　重十九
鷓鴣鳥名从鳥庶聲之夜切　鴣 鷓鴣也从鳥古聲古乎切　鴨 鶩也俗謂之鴨从鳥甲聲烏狎切　鸂鶒水鳥
从鳥式聲 恥力切
文四 新附
烏 孝烏也象形孔子曰烏盱呼也取其助气故
以爲烏呼凡烏之屬皆从烏 哀都切臣鉉等曰今俗作嗚非是
古文烏象形　象古文烏省　舄 䧿也象形 七雀切　篆文舄从隹昔　焉 焉鳥黃色出於
江淮象形凡字朋者羽蟲之屬烏者日中之禽舄者知太歲之所在燕
者請子之候作巢避戊己所貴者故皆象形焉亦是也 有乾切
文三　重三
說文解字第四上

図19　烏　古文於

重要な意味を認めようとするものである。金文では斉国の器に「用追孝於我皇毀（用て我が皇毀《きゅう》〔舅〕に追孝せん）」（陳肪毀）、「台享台孝于大宗皇且皇妣（大宗皇祖皇妣に、以て享し以て孝せん）」（陳逆簠）という同じような構文に、前者には於、後者には于が用いられている。音の近い字であ

るから通用したものとみられ、『左伝』における於・于はその作者の用字法というべきもので、両字が本来文法的区別をもつものではない。

## 60 オノマトペ

庭前の草むらにすだく虫の音《ね》を、西洋人は物の音《おと》として聞き、日本人はことばと同じ脳域で聞くという。他のアジアの人たちも、われわれと同じ聞き方をしているのではないかと思う。中国にも擬声語が多い。いわゆる音義説も、そこにいくらかの根拠がないわけではないが、しかしオノマトペは大体状態的なものに限られる。金文では西周中期の鐘銘に、その鐘声を形容する音の語が用いられている。

擬声語は連読点をつけて示されることが多い。鐘声は「酆《ほう》〻𩰫《へい》〻」のようにいう。古くは強い唇音であろう。幼児が最初に出す音と同じである。金文の穆の字にも、連読点らしいものがそえられているので、周の穆王の名を穆〻王とよむ人もあるが、王号に擬声語をそのままあてるということも考えられず、その連読点とみえるものは字形の一部とみるべきであろう。

穆◎

穆は内面の徳のうるわしいことをいう語で、穆〻のほか穆如《ぼくじょ》・穆焉《ぼくえん》（奥深い人柄）のように、如・焉などの接尾語をつけて状態詞に用いることもある。穆の音は果殻の実が熟して、はげしくはじける音をあらわす語で、ゆえに内面の徳の充実した状態をいう。その実の抜けおちたあとを禿《とく》という。苗の穂に出たものを秀といい、花をつけた姿である。熟して穆となり、また脱して禿となる。

戮◎

専◎

ものを撲《う》つことを撲《ぼく》という。金文に外敵を伐つことを戮伐《はく》という。業《はく》は業とよばれる大きな版築《はんちく》（城壁の土を築く）用の板をうちつけてたたく意で、業系の字にはみな撃つ、せわしくたたくという意がある。僕々とはせわしい状態である。金文に戮伐をまた戟伐《はく》ともいう。専《はく》は縛の初文で、橐《ふくろ》に入れたものをたたいて強く縛りあげる意である。穆・撲・縛のような唇音系のものに、うちに充実するというような共通の語感がある。

古経伝の注を集めた最古の字書である『爾雅《じが》』には、畳語の訓を集めた『釈訓《しゃくくん》』第三に、「戦戦《せん》・蹌蹌《そう》は動（心さわぐ）なり」「悄悄《しょう》・惨惨《さん》は慍《うら》むなり」などの例を集めている。s・ts系の音には寂寥感をもつ語が多い。わが国でも人麻呂の「小竹《ささ》の葉は　み山もさやに　さやげども　われは妹《いも》思ふ　別れ来ぬれば」（『万葉』二・一三三）、新しくは島崎藤村の「小諸《こもろ》なる古城のほとり　雲白く遊子悲しむ」に至るまで、サ行音によって寂寥感が強調される。これは民族のもつ音感覚と脳機能に重大な変化が起こらないかぎり、変わることはないかもしれない。

漢字ではs・ts系の音のほかに、l音が哀怨憂思の感をあらわす。語頭にl音をもつことのないわが国では、いくらか語感がちがうようである。『詩経』国風のなかでも擬声語を最もたくみに用いているのは、陳風『月出』の詩である。音感を考えるために、本来の字音をつけておく。

月出でて皎《けう》（さやか）たり　佼人《かうじん》（うるわしの人）僚《れう》（みめよし）たり　舒《じよ》（しなやかに）として窈糾《えうきう》（ものしずか）たり　労心悄《らうしんせう》（思い沈む）たり

月出でて皓《かう》（きよし）たり　佼人懰《りう》（あてやか）たり　舒として懮受《いうじゆ》（うれわし）たり　労心慅《さう》（思いなやむ）たり

月出でて照《せう》（明かし）たり　佼人燎《れう》（輝やかし）たり　舒として夭紹《えうせう》（なよらか）たり　労心懆《さう》（心すさまじ）たり

双声・畳韻の語をもまじえ、音節のゆるやかな、なやましいほどの声調のものであろう。月明の夜の舞踏の歌である。

# Ⅶ　漢字の歩み

## 61　甲骨文と金文

甲骨文の時期は、殷の武丁期より殷末まで、甲骨文の分期的研究を完成した董作賓《とうさくひん》氏の『殷暦譜《いんれきふ》』によると二百二十七年、また西周期は殷周革命より周の東遷に至るまで、歴代各王の断代（在位年数）と編年によってほぼ三百年前後という計算がえられている。この両期と春秋前期の七、八十年を合わせて約六百年に及ぶ時期が甲骨文・金文の時代、文字がその成立した本来の形象と表記意識を失わずに、伝承していた時期とすることができよう。字形の構造はかなり自由に筆記者によって変化を加えられているが、字形の示す本来の表象は的確に把握されており、表現されている。

字形に変化の多いことは、文字としての未成熟や不安定を意味するのではなく、むしろその構造的意味が十分に理解されていることによる、自由な表出とみなされるものである。たとえば中国科学院の編する『甲骨文編』、中山大学の容庚氏の編する『金文編』に録する字形は、春秋後期以後に属する金文の字形を除いて、字の本来の立意に反するとみられるものはほとんどない。これは当時の表記者である史官たちが、文字形象の本来の意味を十分に理解し、正確に伝承していたからであって、単なる記号として模倣に終始していたのでないことを示している。それでなくては、このように複雑な構成をもつ字の筆画を、その立意を誤ることなく、しかも自在に筆意に変化をも加えてしるすことは考えがたいからである。

彝《い》は甲骨文・金文を通じて用いられている字で、祭器を彝器という。器を作るときには「宝《ほう》障《そん》彝《い》を作る」というのが例である。甲骨文の字は線刻であるため簡省のものが多く、筆意をも示しがたいところがあって、その字形から字の形象の意味を考えるのに困難なことがある。しかし金文の字は、肥《ひ》瘠《せき》点撥をも加えて十分に字の形象を写したものであるから、字の意象をよく知ることができる。

彝◉　◎

彝の字形は、鶏を羽交いじめにして血を吐かせている形であり、鶏口のほとりに数点の血を加えている。祭器を作ると、まずこれを清める釁《きん》という儀礼を行なうが、それにはこの鶏血を用いたのである。釁は清めの儀礼で、字の下半は寡と同じく廟中に儀礼を行なう人の形。釁はその頭上から酒器を倒《さかさ》にしてそそぎ、祼《かん》とよばれる清めの儀礼を行なっている字である。下体の人の形の部分がない字は興、儀礼の前に式場

興

図20　秦公𣪘銘　秦の篆文

の一隅の盛土に酒をそそぐ儀礼で、地霊を祀る意である。地神を呼び興す意味とみられる。そのような儀礼を人に加えることを釁といい、器に加えて祭器としたものを彝器という。

彝の字形はもと鶏血を用いる形であるが、のちには米と糸とを含むものとされ、『説文』十三上もその字形に対する説解を試みているが、すでに本来の字形でない。そのような崩れは西周後期のころからの傾向であるが、最も決定的にあらわれるのは春秋中期の秦公𣪘《しんこうき》（秦景公元〔紀元前五七五〕年ころ）であろう。この秦公𣪘の字様は、のちに秦篆《しんてん》といわれるものの祖型をなすものと考えられる。

## 62　ヒエラチック

春秋の中ごろから、各国の青銅器銘文の字体にそれぞれの地域的傾向が著しくなり、文字は分裂の状態を進めてゆく。西周の滅亡によって、歴史は東方列国の動向によって展開することとなり、大国の首都がそれぞれ地域文化の中心を形成し、列国の時代となる。旧秩序の崩壊による自由と分裂のなかで、文化ははげしい流動をみせる。文字において最もはげしい変化をみせたのは、南方の文字様式であった。南方の楚はみずから「我は蛮夷なり」（『史記』楚世家）と称して、周王朝に対してはげしく対抗する姿勢をとったが、そのころの楚器の文字には、列国の王朝的な優美な字様に対して、雄渾な気魄を感じさせるものがある。

楚につづいて、春秋末に南方に興って一時は天下に呼号し、たちまちにして興亡をくりかえした呉・越の器には、この地に産する良質の材を用いた兵器が多い。その器銘はおおむね金の錯嵌《さくがん》を加えた鳥篆《ちようてん》（字の筆画に鳥形の飾りをつけた篆書体）の文字である。器の制作は精良を極め、金色の文字はまた華麗な装飾体で施されている。鳥篆

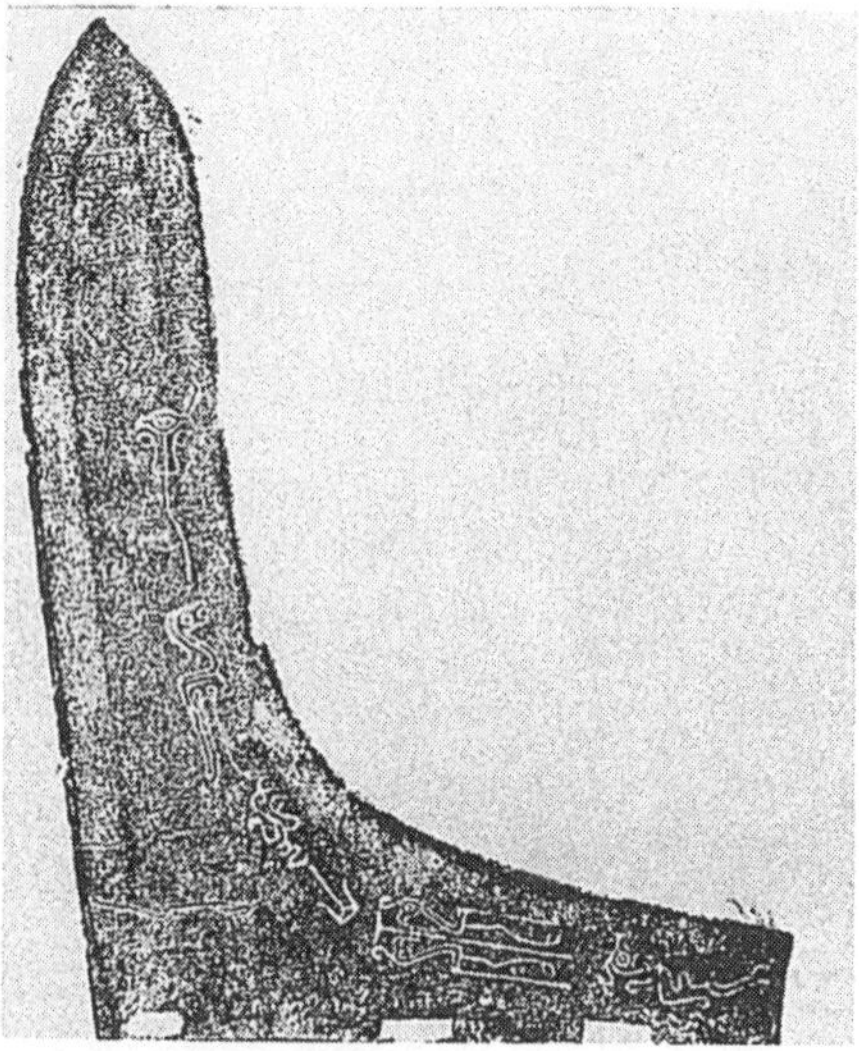

図21　鳥篆

の文字にはときによみとりにくいものもあり、装飾化のはなはだしい様式であるが、この種の文字は呉・越とともにまた滅び、のちにはわずかに印璽の一字体として残された。

戦国期に入ると、秦・楚・斉の三強国が鼎立する形勢となる。斉は桓公をたすけた管仲が重農富国の策をとり、戦国期に田氏がその国を奪うてのちの斉器には、穀量をはかる量器がきわめて多い。地方の収税の要所に配置するために、あらかじめ用意された銘文を器に加えたものがある。すでに祖先を祀るための祭器でもなく、また呉・越の剣のような儀器でもない。いわば行政目的の実用の器物である。主として神事のために行なわれていた器物の制作や銘文が、いまや量器という、経済的な行政執行のためのものとなった。文字はここに至って、実用を目的とするものとなる。

戦国期ははげしい分裂と変動のうちに、古代的なものからの脱皮が進められた時代であった。列国間の対立はきびしく、大規模な戦争がくりかえされ、情勢は変転を極めた。もはや殷周以来の聖刻文字の典麗な字体を、維持しうる時代ではなかった。秦を除く六国の文字は古文とよばれ、『説文』にもいくらか収録されているが、本来の字の立意を全くはなれた、筆記体風の簡略なものが多い。

秦の始皇が天下を統一すると、これら六国の文字を廃して、秦篆《しんてん》（小篆）に統一することとした。秦篆の字様は、さきに述べた秦公𣪘の字様とほぼ同じである。それはヒエログリフに対するヒエラチックにあたるものとみてよい。秦篆は、始皇のときにはじめて作られたのではない。その字様は秦公𣪘の時期にすでに完成していたものである。秦公𣪘の銘文は字母を押捺したもので、同じ文字はすべて全く同形である。このようないわば機械的な方法の適用は、文字意識の大きな変革であったと考えられる。文字改革を始皇の偉業のようにいい、いまの文字改革の先駆として顕彰しようとするのは、文化的なものを一人の創意に帰する、例の愚民政策の一つにすぎない。

## 63 徒隷の字

秦公𣪘の文字がヒエログリフからヒエラチックへの移行を示すものであったとすれば、戦国の動乱期に生まれた筆記体様式の字はデモチックへの移行であったといえよう。神聖文字の伝統は完全に失われ、文字は行政胥吏の取り扱うものとなって、しだいに簡略化されてゆく。それがいわゆる古文である。

古文には字形の崩れたものが多い。青銅器のうち、盛食の器である𣪘《き》は、いまの字形では簋《き》とかかれるが、金文にはすべて𣪘に作る。『説文』五上に簋の古文として、匚《ほう》中に飢を加えたもの、匚中に軌を加えたもの、および朹の三体をあげている。第一の字は、金文にみえる廏を誤って、𣪘を飢としたのであろう。第二は、さらに誤って匚中のものを音符とみて軌としたのであろう。第三の字は、𣪘を明器として木で作ることがあるため、朹としたのであろう。簋が竹部に属するのは、その器体を竹で作る簠《ほ》（長方形の浅い穀物籠）と同じく竹部に属したもので、もとより後起の字である。

簡略体は文字の本来の意象を拒否するものである。ひとたび簡略体が作られると、字形はそこから急速に崩れてゆく。簡略体は久しい間の慣用から自然に作られてゆくべきもので、無原則に字形を改めて作るべきではない。

『説文』五上には箕《き》にも古文三字をあげる。第一は𠀠、第二は其、第三はその異体字であるが、古文第一が本来の箕、其の形は西周後期以後にみえる。箕はその材質によって竹部に属したもので、本来は第一古文のような象形字である。

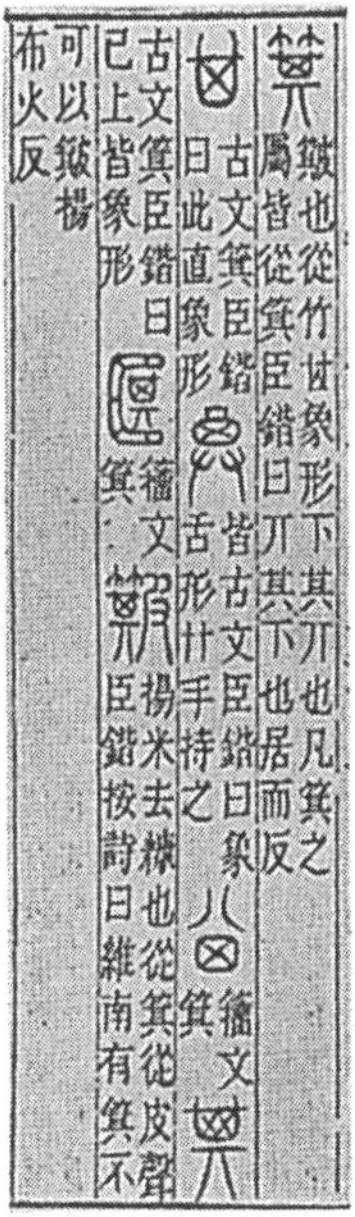
簸也從竹甘象形下其丌也凡箕之屬皆從箕臣鍇曰丌其下也居而反
古文箕臣鍇曰此直象形
皆古文臣鍇曰象舌形廾手持之
籀文箕
古文箕臣鍇曰已上皆象形
籀文箕
揚米去糠也從箕從皮聲臣鍇按詩曰維南有箕不可以簸揚
布火反

図 22　箕　古文三字

図 23　史頌𣪘銘文　西周期の篆体

秦の統一によって標準字とされた秦篆は、西周金文の字様を、縦横の線構成に近い形に改めたもので、すでに西周後期の

図24　三体石経　字体の典型

頌器の銘文などにもみえるものである。石鼓文《せきこぶん》は秦の春秋初期の字様と考えられるものであるが、のちの秦篆、いわゆる小篆と比較すると筆画が多く、『説文』に大篆《だいてん》というものに近い。大篆は西周期金文の字様と、異なるものではないようである。篆とは筆意に肥瘠点撥を加えない字様をいうものであろう。しかし大篆・小篆は、いずれもなお筆記用の字体ではない。

　筆記用の字は、いずれかといえば六国古文の系統に属する。木簡や帛書《はくしょ》、貨幣などの字が、その系列のものである。それはデモチックである。秦の官吏程邈が、徒隷に用いさせるために隷書を作ったというのは、文字資料の示す事実と合わない。隷書の初期のもので古隷《これい》とよばれる字体は、小篆をさらに直線化した簡易な筆記体である。秦公𣪘の器蓋には、その器がのちに量器として用いられるに至って加えられたと思われる、容量をしるした刻文がある。おそらく戦国期に入ってからのものであろう。

## 64　『説文解字』

漢字がその成立期の意象をそのまま保っていた甲骨文・金文の時代には、文字は本来の字形の理解の上に行なわれていたと思われる。しかしそれがヒエラチックからデモチックの字体の時期になると、本来の字の意象は知られなくなる。文字は字形が崩れ、音の約束だけで用いられる。それで音の近似しているものの間に、通用仮借、ときには混用のこともおこる。一語を一字をもってあらわす漢字の原則からいえば、このような仮借や混用は、字義の混乱を招くのである。

前漢の武帝が儒教をその政治的支配のイデオロギーとして採用し、五経博士をおいて儒学一尊の政策をとり、つづいて後漢の光武帝が経学を奨励して人材登用の門をひらくと、古典の注釈的研究が起こったが、古典の研究はほとんど訓詁《くんこ》学であった。訓とは字義を通じ、詁とは古今の語義の関係を考えることである。いわば語の共時的・通時的研究といえよう。経書のうち、『書経』には周初の文献をも含むとみられ、『詩経』

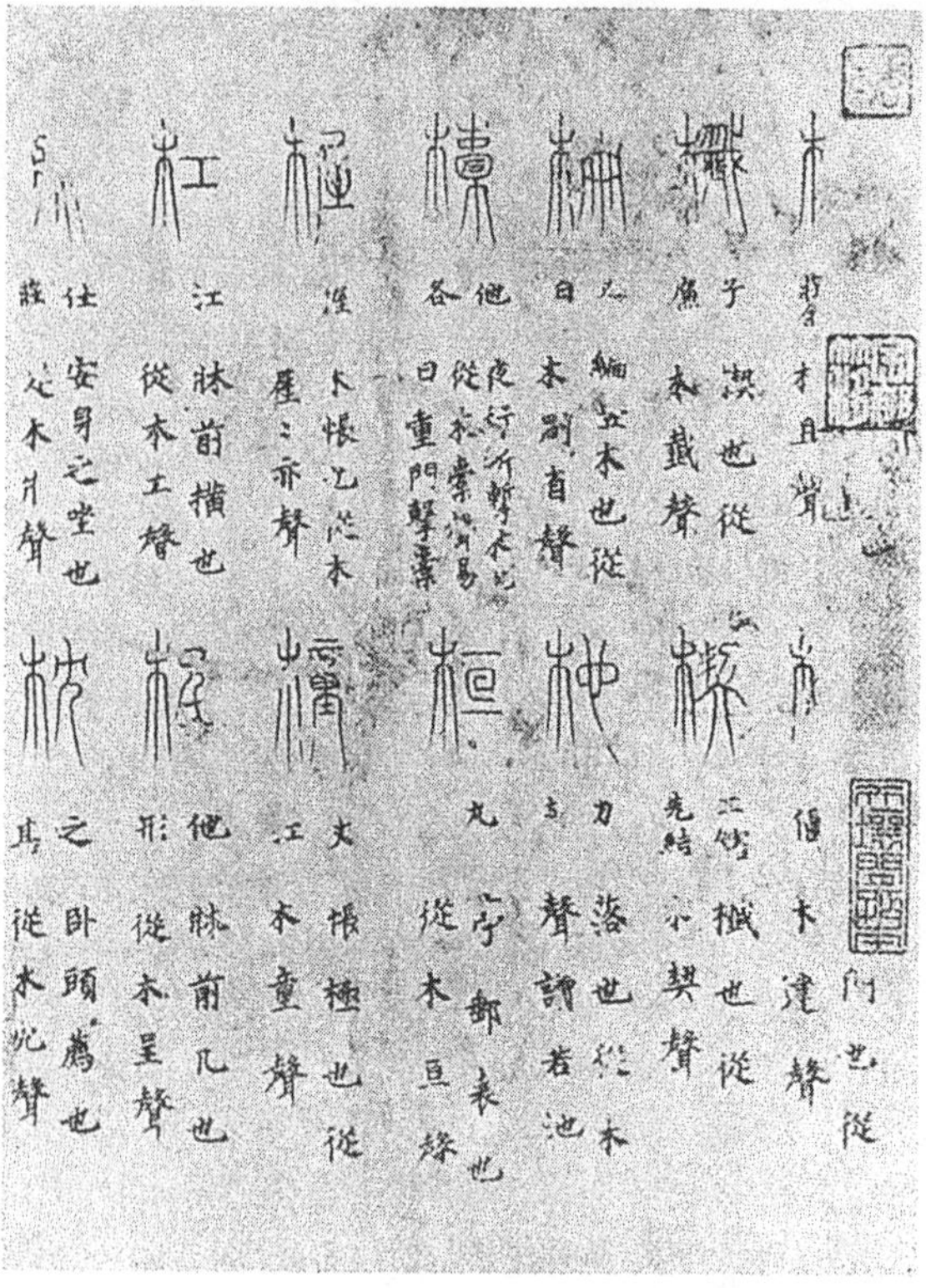

図 25　『説文解字』唐写本木部

は西周後期を中心とする詩篇の総集である。詩篇の時代（前九世紀前後）は、許慎が『説文解字』をかいた時代（紀元一〇〇年）と、ほぼ前後千年をへだてている。『万葉』と契沖・真淵ほどの時代のへだたりがある。

許慎は、経学の研究は字義を明らかにすることから出発すべきであり、字義を明らかにするには文字の字形学的研究の方法を確立することが必要であると考えた。それで許慎は、文字をその形体素に分ち、基本とすべきものをえらんで五百四十部とし、それぞれその部に属する字を集めて、九千三百五十三字に字形学的な解説を加えた。その後の字形解釈はほとんどこの『説文』の説解を踏襲するものであり、それと異なる解釈は、おおむね論者の恣意的な臆説にすぎないものとされた。

許慎の文字学において最も重要なことは、許慎が文字成立期における最古の文字資料である甲骨文・金文を、全く知らなかったということである。それらはいずれも地下資料として埋もれており、金文は宋代に至ってはじめて数部の著録が出され、甲骨文は出土以来まだ八十年に達していない。これらの出土資料の研究が一つの学問領域となったのも、まだ新しいことである。甲骨文や金文を資料とする文字学的研究は、清末の呉大澂・孫詒讓《そんいじょう》、民国の王国維などにはじまる。それまでは、『説文解字』が文字学の聖典であり、侵すべからざる権威であった。『説文』注として最もすぐれているといわれる段玉裁の『説文解字注』も、『説文』の字説を改めることはほとんどなく、これを布演することにつとめている。

禿《とく》は前に述べたように禾穀《かこく》（稲など）の実の脱ちた形であるが、『説文』八下に「髪無きなり」とし、伝説的に文字の創始者とされる倉頡《そうけつ》が、禾《いね》の茂るなかに禿頭の人をみつけて、禾と人とを合わせてその字を作ったという王育の説を引いている。『段注』にはさすがに「一時のことで千年の字を定めるはずはない」としてこの説を否定するが、『説文』の解を弁護して、無髪とは禾の光潤を禿頭の意に充てたものであろうとする。さきの彝（一八三頁）についても、『説文』十三上によってその字を米・糸に従う字とするが、段氏はすでにその金文の字形を多く見ているはずである。段氏はその『説文解字注』に全く金文の字形による説解を試みなかったが、甲骨文・金文を治めなくては、『説文』の学を超えることは不可能である。

## 65　字書『玉篇』

六朝の梁の顧野王《こやおう》が作った『玉篇』は、訓詁を主とする字書である。中国の学術はまず訓詁を基礎とするものであるから、文字訓話の学を小学という。その小学の基礎を定めたものが、この『玉篇』である。それは『説文』を増広する形式をとるが、『説文』とは二点において異なる。一は『説文』が字の正形として示した小篆をはずしたこと、二は『説文』が字形を説く字形学であるのに対して、『玉篇』は字義を証すべき経書などの古典の文やその注を多く集めた、訓詁の字書であることである。

小篆を除いて楷書体の字を正字としたのは、文字学の目的が字形学的なものからはなれて、字義を中心とする訓詁の学に移行したことを意味している。顧野王は許慎より約四百年のちの人である。六朝期には仏教が盛行して仏典の翻訳も多く、そのような外的な刺激もあって、文字の声義の研究が大いに進んだ。四声とよばれるアクセントのうち、去声《きょしょう》が起こったのもそのころで、アクセントの研究も行なわれている。

文字の数は、『説文』より約八割ほどふえている。『説文』ののち、魏の李登の『声

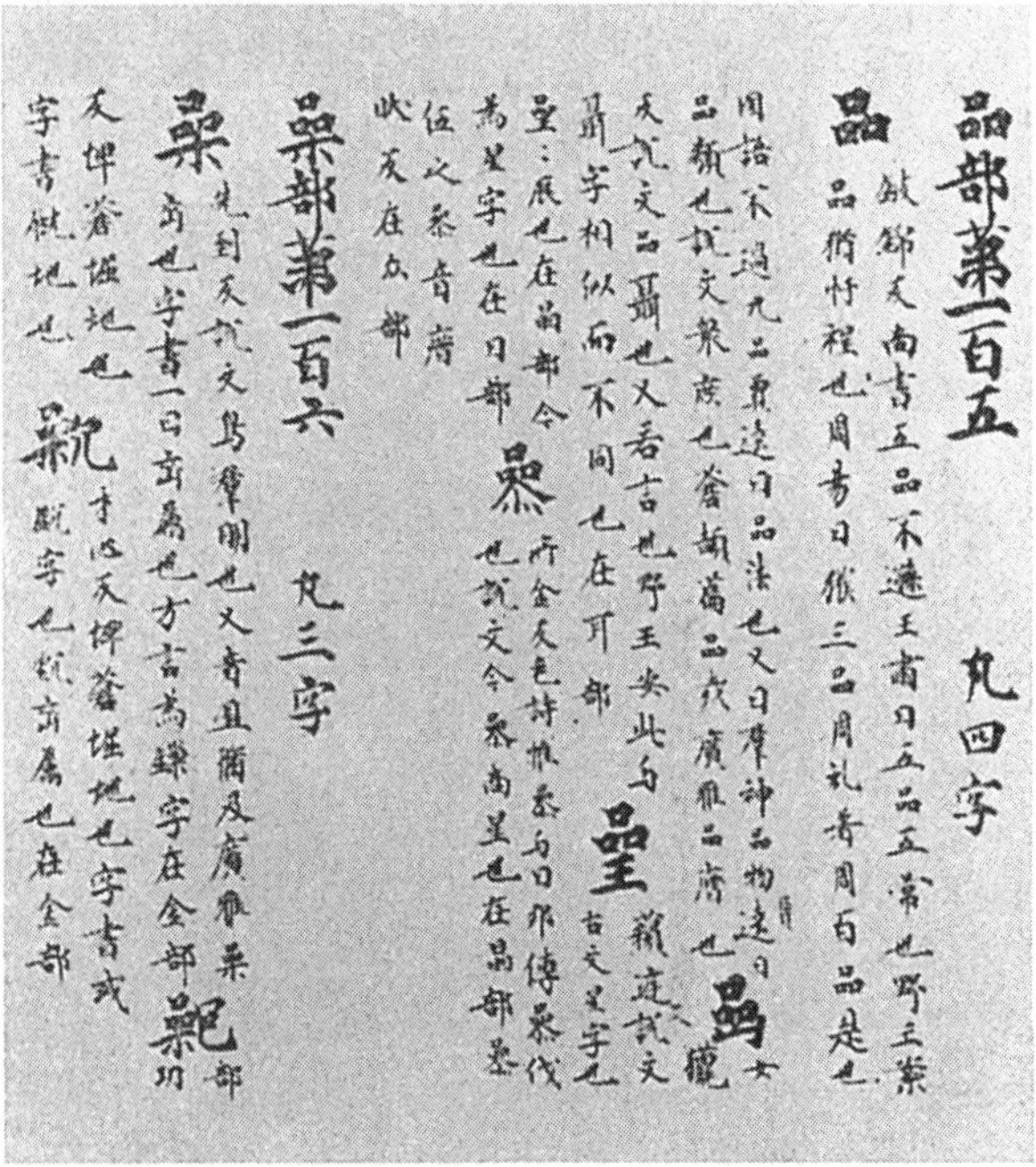
品部第一百五　凡四字
㗊部第一百六　凡三字

図 26 『玉篇』唐写本残巻品部

類』十巻、一万一千五百二十字、宋の呂忱の『字林』七巻、一万二千八百二十四字、後魏の楊承慶の『字統』二十巻、一万三千七百三十四字、『玉篇』三十巻は一万六千九百十七字である。『玉篇』の完本は伝わらないが、わが国にその残巻数部を存しており、また空海の『篆隷万象名義《てんれいばんしょうめいぎ》』三十巻、昌住の『新撰字鏡』十二巻、源順《みなもとのしたごう》の『倭名類聚抄《わみょうるいじゅしょう》』などに採録されていて、原編のようすも推測される。

『玉篇』は訓詁に重点をおき、字形についてはまれに『説文』の文を引くのみであるが、ときには『説文』の解を改めているところもある。たとえば「器」は『説文』三上に「皿なり、器の口に象る。犬はこれを守る所以なり」と説くが、『玉篇』には「器は四口の器なり」という。なかの犬の形を無視しているのは、その部分を四口に連ねる器体の一部としているのであろう。すでに篆形を捨てた『玉篇』には、字形の示す本義よりも、古典の用義例の方が重要とされたのであろう。

器◎

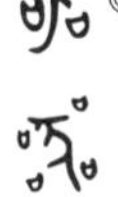

器は祭器を意味する字である。犬はこれを守るゆえんでなく、犠牲として清めるゆえんである。祭器を作るには多くののりとを列し、犬牲をもって清めることが必要であった。それはおそらく死喪のときの明器であろう。それで二𠙵に犬をそえるものは哭である。哀哭の礼をいう。家も墓の中も、

家◉  ◎

みな犬牲をもって清めたものである。

『玉篇』は『篆隷万象名義』をはじめ、わが国の古字書に大きな影響を与えた。顧野王の著書は『隋書』経籍志に『玉篇』と『輿地志《よちし》』三十巻、『顧野王集』十九巻を録するにすぎないが、『隋書』とほとんど同時の著録であるわが国の『日本国見在《げんざい》書目』には、すでに『輿地志』や『符瑞図』十巻があり、その画も将来されていたようである。『玉篇』もその一部がわが国にのみ伝えられていた。のちわが国の字書もこれにならって、『倭玉篇《わごくへん》』と称した。字画による部首別の字書は、明の梅膺祚《ばいようそ》の『字彙《じい》』にはじまるが、それまでの字書は、みな『玉篇』の部首と排列によるものであった。

## 66 正字の学

古代の文字が古文や隷書のような簡略体、あるいは線条的な字形に改められるとき、形に従って屈曲していたものを直線化するのであるから、本来の字の意象を失うところが生ずるのは、避けがたいことであった。そのため新しい字形は著しく不安定であり、筆画にも異同を生じた。『漢書《かんじょ》』芸文志《げいもんし》に録する『別字』十三篇は、そのような字を録したものであろう。いまその異構字を、異体字とよんでおく。

宋の洪适《こうかつ》の編した『隷釈《れいしゃく》』には漢碑百八十九種を録し、原碑銘の字の筆画をそのまま写し伝えているが、それには異体字がはなはだ多い。内野熊一郎氏の編する索引によって検すると、七体以上の字が七十九字に及び、異体の多いものに侯・懿《い》十八字、垂十七字、段十六字、華・虚十五字、懐・世・魏十四字、郵・致十二字、聖・年・戯・柔十一字、焉・明十字などがある。碑刻の字であるから、略体や俗体がむやみに使われているわけではない。概していえば、字形解釈の不安定なものに、異体字が多いという傾向がみられる。

隋・唐の時代に科挙制が行なわれて、経書の解釈や文字の試験によって官吏を登用した。経書はテキスト化され、字形の統一がはかられる。初唐期に楷書の名家が輩出したのも、そのことと関係があろう。書の名家として知られる顔真卿の五世の祖にあたる顔師古は、『漢書』の注で知られる人であるが、唐の太宗の貞観《じょうかん》中に秘書監（図書寮の長官）の職にあり、経籍の文字に疑義の生じたときは、人びとはみなこれを師古にたずねた。師古が楷書で示した字様は「顔氏字様」と称して正体とされたという。

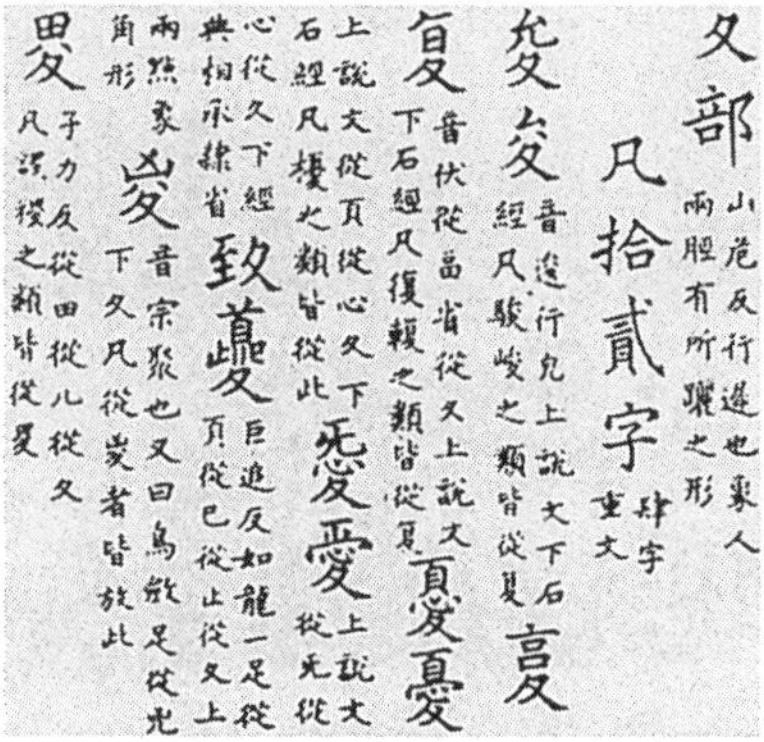


図27　『五経文字』正書の字

盛唐の人顔元孫の『干禄《かんろく》字書』は、俗・通・正の三体をもって標準の正字を示したもので、字の筆者は同族の顔真卿である。経書には正字を用いるが、筆記体としては通・俗の二体を世用として認めるという態度である。しかしやがて大暦のとき張参の『五経文字』、太和・開成のときの唐玄度の『九経字様』になると、通・俗の字を認めず、正字を定体と称した。こうして唐玄度は勅旨によってその字をもって開成石経《せきけい》を書した。いわば国定の字様であり、常用漢字である。

宋代に至って木版の術が盛行し、それまで書写によっていたものも刊本として普及するようになった。その版下の字は顔真卿や唐玄度の字様にならった堂々たる楷書体である。しかし木版の字様はその刻字の便宜から、しだいに直線的な装飾体の明朝式の字となり、文字は一定の枠内にはめこまれた、筆画を具するのみの形となっている。

さらに今では、文字構造のもつ緊張した統一感というべきものは失われ、女の右斜の着筆は一の上に出てはならず、幸の第四横筆は第三筆より短くなければならぬというような、およそ愚かしいかぎりのことが問題とされている。昭和人の名誉のためにも、このようなことを後世の人に聞かせてはならない。ただ唐代の正字の学が、欧陽詢・虞世南・褚遂良・顔真卿・陸柬之・徐浩など書の名家の輩出した時代の風気と、必ずしも無縁のものでないことを、改めて考える必要があろう。

## 67　美の様式

漢字はその歴史を通じて、単なる文字記号としてのみ機能するというものではなかった。それは文字記号であるとともに、また美の様式の実現の場であり、それを通じての美の思想の表現でさえあることができた。そこにはいわゆるカリグラフィーと、決定的に異なるところがある。

書の様式は、甲骨文・金文の時代にすでに著しいものがあり、美の様式への志向をみせている。甲骨文は武丁期より以下五期に分たれるが、それは卜辞の内容や形式の

図28　第一期甲骨文　逐豕

上から区分されるのみでなく、各期の字様にはそれぞれ特徴的に異なるところがあって、時期的様式においても分期が可能である。董作賓氏はその様式について、第一期を雄偉（力強い）、第二期を謹《きん》飭《ちょく》（よくまとまった）、第三期を頽《たい》靡《び》（崩れて変化した）、第四期を勁《けい》峭《しょう》（強くはげしい）、第五期を厳整（よくととのった）と規定したが、そのような様式的分派は、殷代の金文においてもこれを認めることができる。もっとも、殷金文の文字の様式が、甲骨文のそれと時期的に対応するものかどうかは明らかでなく、殷金文にみえる方直・高雅・柔媚（やわらかで美しい）の諸体は相並んで行なわれていたものであったかもしれない。甲骨文の様式の時期的な統一性は、卜辞を扱う集団の性格によるものとも思われる。甲骨文と金文とにおいて、またその志向追求のしかたを異にしていたのであろう。

図29　第四期甲骨文　燎と宜

図30　殷金文　子媚

西周期の金文においても時期による風尚の差が認められ、初期には雅健の体が多く、中期は緊湊《きんそう》（ひきしまった）にして整飭、後期には篆意の饒《ゆた》かな均整なものや、ときに頽放（自由でこだわらない）に赴くものなど、時期的様式というべきものがある。西周期の青銅器は、おそらく銅鉱の所在地や技術条件の有無によって、その制作の地は数所にわたるものであったと思われるが、それらを通じて時期的様式をもつとすれば、それは文字が美の様式実現の場として、共通の意識をもつものであったのだといえよう。

　このような事実は、ヒエログリフ的な時期においてのみでなく、ヒエラチックの時期においても、デモチックの時代にあっても、変わることがなかった。戦国期以後秦・漢の帛書・木簡・漢碑、六朝以後の碑帖の類においても、それらはつねに時代的、また個人的様式を負うものとして、美が追求された。すなわち文字としての書は、つねに意味成体としての文化の内容をなすものであり、精神史的な運動の表現そのものであった。

美の実現の手段としては、書は絵画と同じ次元に立つ墨の芸術であると考えられている。そしてその墨法のうちには、書画の両者を通じて、深遠な哲学があるとされる。そのことはまた、わが国においても、そのようなものとして自覚され、実践されてきたのであった。万人がすべて芸術家であり思想家であることは期待しがたいとしても、書におけるその可能性を拒否するような権利は、何びとにもあるものではない。

## 68 文字学の頽廃

文字が歴史的にも、意味成体として文化の構造的な深部において強くはたらくものであるという認識に立って考えるならば、文字をその主体的な表現の場から切り放して、これを人為的な制約のもとにおこうとする試みは、つねに反文化的なものとみなされるべきであろう。文字はことばと同じく、自律的であることを欲している。自律的であることにおいてのみ、その運動は可能であるからである。

始皇の文字統一を、現代の法家者流は果敢な変革者の偉業として賞讃してやまないが、始皇の文字政策は、事実は秦篆による文字統一を、その政治的統一の成功と対応させようとしたものにすぎない。文字政策の方向としてはむしろ復古的性格をもつものであった。もし簡体をもってよしとするならば、六国古文の方が篆体の字よりも遥かに簡略なのである。

その後の文字政策への介入者としては、則天武后の名が知られている。この稀代の垂簾政治家は、みずから聖母神皇と称し、ついに唐室を奪って女帝となり、四十五年にわたって専権を恣《ほしいまま》にした。いわゆる則天文字はいま十九字を伝えているが、その新作の文字には、何か呪的な信仰のようなものがはたらいていたのかもしれない。本名の武照の照は、空の上に日と月を並べて曌と書き、國（国）は地域を限定的に示すというので、なかを八方に改めて圀とした。その字は中国には行なわれずして、わが国では水戸光圀の名として親しまれている。

則天文字は一時の趣味に発するようなものであったが、文字学を政治的権力の具として両者を結合したのは宋の王安石である。この新法改革者は、自己の『字説』をもって経書を解して『三経新義』を作り、これを国学の教科として学習させた。かれは字形のうちに声符を認めず、文字を構成する要素はすべて意符であると解した。たとえば覇（霸）の上部は西で、西方は五行において粛殺（万物の死）を主とする。それは覇者のなすところであるという。ある人が、覇の上部は西ではなく雨であると注意すると、かれはまた、覇者は時雨の化するがごとく、民を休息させるものであると縷説してやまなかったという。まことに無定見な話である。覇は動物の屍体が風雨に暴露し、色あせて漂白された皮を残すことをいう。雨には覇、日には暴という。屍を魄というのと同じ。覇は雨下に革をかく字であるが、のち月色をいうので月をそえたのである。

覇◎

　王安石の新法の批判者であった蘇東坡は、しばしば安石の『字説』を揶揄《やゆ》したようである。安石が竹鞭を馬に加えるのが篤であるというと、それでは竹鞭を犬に加えるのはどうして笑となるのかとたずねた。また安石が東坡の坡は土の皮であるというと、東坡はそれでは滑は水の骨だねとやりかえした。いまでも漢字は漫画にすぎないと主張するものがあるが、その字説はいかにも王安石のそれに似ている。一時は国学となった安石の『字説』も、いまは数条の笑話をとどめるにすぎない。

## 69　漢字の数

『玉篇』に収める一万六千九百十七字には、顧野王がその出典や訓詁を示し、みずからの考説をも加えたものであるが、その後の字書には、出典も明らかでないような文字がみだりに増加し、字数は休止するところなく加えられてゆく。宋の『広韻』には二万六千百九十四字、明の『字彙《じい》』には三万三千百七十九字、清の『康熙《こうき》字典』に至っては四万二千百七十四字という、全く意味のない字数の増加を示している。諸橋氏の『大漢和辞典』は文字番号によると四万八千九百二字と最多字数を誇っているが、その三分の二はほとんど用例もない不要の文字であり、また残りの半数も使用例のきわめて乏しいものである。必要な文字の実数は、大体八千程度とみてよい。そのことは、主要な古典の使用字数からも、大体の見当をつけることができるのである。

わが国の教養書としても、かつて親しまれたことのある『論語』『孟子』についていえば、『論語』の総字数約一万三千七百に対して用字数は千三百五十五字、『孟子』

約三万五千に対して千八百八十九、この『論語』『孟子』に『大学』『中庸』をも合わせた『四書』に共通の用字数は二千三百十七である。また経書としては、『詩経』の総字数約三万九千に対して用字数は二千八百三十九、『書経』約二万五千八百に対して二千九百二十四、五千言といわれる『老子』の用字数は八百二字にすぎない。

文学では、李白の詩九百九十四首、字数約七万七千、用字数は三千五百六十、杜甫の詩は約千五百首にして用字数四千三百五十、多く奇字を用いて長篇の詩を作った韓愈は、詩約四百首にして用字数は四千三百五十、すなわち杜甫に匹敵している。また作詩三千に近く、語数十八万六千に及ぶ白楽天の用字数は、ほぼ四千六百である。一人の作者にして用字数五千に及ぶものはなく、漢魏六朝の最も表現主義的な詩文の行なわれた作品を網羅する『文選』においても、その用字数は七千にとどまる。明治以後のわが国の漢字使用の状態からみて、常用の字はこの二分の一程度、教養として識るべき字数は約三千五百程度であろう。

中国では文字改革は国民教育の上からも多年の懸案であり、ことに戦後には簡体字の施行を進めているが、中国科学院では字数を三千二百、常用一級字二千七十六、二級字を合わせて三千四字、その他とする案を検討中であるという。その方針として、文字の表音性を徹底させようとしているが、あの尨大な文化遺産は、やがて一般人の近づきがたいものとなるであろう。

漢字の肥大症は、無用の字数を誇る字書の権威主義によって、あまりにも誇張されている。読書を愛するものにとって、いくらかの知的開拓や緊張を伴わぬ読書は、読書というに価しない。いまの内閣告示表（昭和五十一年度）には、李白・杜甫のような詩人の名もなく、わが国の芭蕉・蕪村・鷗外・漱石はもとより、耿之介・葦平などもない。告示表は固有名詞を全く除外したためであるが、告示者はこのようにはじめから拘束力をもたない表に、どのような権威を与えようとしているのであろうか。

## 70 漢字の行方

文化は意味成体として蓄積され、伝統としてはたらくものである。文字が一つの意味成体であるというのは、文字が文化の形成と展開に場所的な位置をもつということである。文字をはなれて文化の発展はありえない。文字の有無は未開と文明とを分つとされるが、それならば文字は単なることばの表記手段ではない。文字は最も精神史的にかかわるものとして、文化の担持者である。

漢字はその成立の当初からいまに至るまで、本来の性格のままに生きつづけている唯一の文字である。文化の担持者である漢字は、その意味で、歴史の唯一の通時性的証人である。たとえばオリエントからギリシャ・ラテンを貫いて、現代に至るものといえよう。三千数百年前の文字の創世記的な資料を、特別の反訳的操作を加えることなくよみとることができるという文字は、漢字のほかにはない。また漢字を使用しているわれわれも、中国の人とは異なる方法で、しかも十分に国語としてそれをよみとることができるのである。それでわが国における甲骨文・金文の学は、その水準において、中国での研究に比肩しうるものがある。そしてそのようなことが可能であるのは、主として漢字のもつ通時性にかかっている。漢字は歴史というこの複雑な生体の、大動脈をなしているのである。

漢字の国字化は、中国の文献を国語の語法としてよむ、訓読法という特殊な受容のしかたから起こったが、これによって中国の文献もいわば国語領域化され、われわれはその文化的蓄積の範囲を、中国の文献にまで及ぼしえたのであった。中国の主要な文献は、西洋における古典学のように、かつてはわが国読書人の教養の範囲のものであり、それを国語領域化することによって、いわばわれわれは中国の詩人をも容易に共有しえたのである。

明治・大正における漢詩文の教養が、その文学に占める地位の重要さは、いうまでもない。いま漢詩に限っていうとしても、当時は全国にかなりの詩社があり、新聞や雑誌にも漢詩欄をもつものがあった。郭沫若と創造社を起こして、中国の新文学運動の先駆著となった郁達夫《いくたつふ》も、かつて雅声社の服部担風に詩の選を求めていたことがある。戦前までなおいくつかの詩社があり、詩作が試みられていた。わずか三、四十年前のことである。いまでは詩作はもとより、その体験をもって漢詩を語りうるものは、おそらく寥々たるものであろう。老マルキスト河上肇の漢詩が、訳注を附してよまれるという時代である。

中国でも民国五年、胡適《こてき》が文学改革運動を起こして旧文学を攻撃して以来、古典語は文学としての地位を失い、戦後はまた大胆な文字改革によってその字形は一変し、旧文学の重要な要素であった漢字の美学は失われた。字形学的意味をもたない簡体字をかぎりなく作るのは、その漢字の数だけカナを無器用に作るにひとしい。このプラグマティズムのなかで、文字の規範性も書の美学も、みな失われてゆくであろう。民衆のためと呼号する文字改革は、やがてあらゆる文化遺産を、民衆から隔絶する愚民政策に転化する危険をふくむものといわなければならない。

# VIII　文字と思惟

## 71　孤立語と文字

中国語は単音節語であり、これを表記する方法は、語をそのまま文字として対象化することの、ただ一つしかない。それは単音節語であるかぎり、選択を許されない性質のものであろう。かれらはその語の表記に最も適切な、唯一の方法をとったのである。もしこれを改めるとすれば、それは中国語が、単音節語としての特質を失ったときであろう。

中国語はまた文法的な機能をその語彙・語形のうちに示すことがない。すなわち孤立語である。品詞としての性格は、その語の位置するところによって定まる。人は名詞であるが、「その人を人とす」の「人とす」は動詞であり、人家の人は形容詞であり、『左伝』にみえる幽霊話に「豕《し》、人立して啼《な》く」というのは、豚が人のように立って啼いたというので、人は副詞である。

また語序についても、たとえば卜辞に、妣己とよばれる祖霊が、入嫁してきた婦鼠にたたりをするので、それを禦ぐために犠牲を供えて祀ることを卜して、

甲申卜、御婦鼠妣己、二牝牡（甲申トす。婦鼠を妣己に禦《まつ》るに、二牝牡〔を用ひんか〕）

という文を、同じト版上に

一牛一羊、御婦鼠妣己（一牛一羊もて、婦鼠を妣己に禦《まつ》らんか）

のようにいい、また他に「御婦鼠子于妣己（婦鼠の子を妣己に禦《まつ》らんか）」という例があって、ここでは前置詞として于を加えている。「王又歳于且乙（王は祖乙に又歳〔祭名〕せんか）」を、その同版上に「于父丁又歳（父丁に又歳せんか）」というように語序を変えていることもある。いずれも古代語に多く例のみえることとである。

語位が不安定であるということは、詞性をつねにその文脈のなかで考えるということであり、語と語との関係が一種の緊張性をもって対応しているということである。一語が一字であるから、その一字は均質的な重さをもち、またそれが前後の関係においてつねに緊張的状態にある。そのような言語は、厳密な論理性を語の形態や文法的関係において示す印欧系の屈折語や、あるいは柔軟な語の接続関係によって情緒的な表現に適しているわが国のような膠着語《こうちゃくご》と異なって、同じ大きさのブロックを積み重ねてゆくゴシック様式に近い文字であるといえよう。アランが漢字を「形による言語」（『アラン芸術論集』桑原武夫訳、四七六頁）というとき、それは漢字をデッサンと同列のものとみなしているのであるけれども、これを善意に解するとすれば、「線は人間的表徴であり、恐らく判断の最も力強い表現である」（同、四四二頁）という、線の意味の認識とみることもできる。漢字の生命は、たしかに線が意味をもつということであり、その線による構成が、人間的表象の一部であるということである。そのような再解釈の上に、近時の記号学的な漢字映像説をおくことができよう。

## 72　文脈と品詞

語の詞性が不安定であり、語位やアクセントによって語としてのはたらきが変わるとすると、字の多義化は免れないようである。その上「形による言語」として意味形象が固定されている文字は、ときとともに語の用義が移るにつれて、原義との間に次第に距離を生ずる。それで限定符を加えるなどして文字の分化も行なわれるが、同音通用というような現象も加わって、字義の振幅は大きくなるばかりである。

能動と被動というような関係は、はじめはおそらくアクセントだけで区別されたであろう。また語の位置によって文勢として示すこともある。それで字のままで、命や受はその両義に用いられる。金文には、「王、作冊尹《いん》（史官の長）に書を受《さづ》く」「天命を受《う》く」などの用法がある。このように文勢をもって一字を両義に用いることは、のちの時代にも行なわれている。

主語省略もまた、中国語の著しい特徴をなしている。それで文脈の把握は、適宜にこれを補って理解してゆく必要がある。『左伝』の荘公八年の条に、斉の国の公孫《こうそん》無《む》知《ち》の叛乱をしるす文がある。いちおうその原文をあげる。

　冬十二月、斉侯游于姑棼、遂田于貝丘。見大豕。従者曰、公子彭生也。公怒曰、彭生敢見。射之。豕、人立而啼。公懼、隊于車。傷足、喪屨。反、誅屨於徒人費。弗得。鞭之、見血。走出。遇賊于門。劫而束之。費曰、我奚禦哉。袒而示之背。信之。費請先入。伏公而出闘、死于門中。石之紛如、死于階下。遂入。殺孟陽于牀。曰、非君也。不類。見公之足于戸下、遂弑之、而立無知。

「冬十二月、斉侯、姑棼《こふん》（地名）に游び、遂に貝丘に田《かり》す。大豕《たいし》（大きな猪）を見る。従者曰く、公子彭生《ほうせい》（さきに斉侯に冤罪で殺された人）なりと。公、怒りて曰く、彭生敢て見《まみ》えんやと。これを射る。豕、人のごとく立ちて啼《な》く。公懼《おそ》れ、車より隊《お》つ。足を傷つけ、屨《くつ》を喪《うしな》ふ。反《かへ》りて、屨を徒人（近侍のもの）費（その名）に誅《せ》む。得ず。これを鞭《むち》ち、血を見る。走りて出づ。賊に門に遇《あ》ふ。劫《おびや》かしてこれを束《つか》ねんとす。費曰く、我奚《なん》ぞ禦《ふせ》がんや、と。袒《はだぬ》ぎてこれに背を示す。これを信ず。費、請うて先づ入る。公を伏《かく》して出でて鬭《たたか》ひ、門中に死す。石之紛如《せきしふんじょ》（また近侍のものの名）、階下に死す。遂に入る。孟陽（斉侯の身代りの者の名）を牀《しょう》に殺す。曰く、君に非ざるなり。類せず、と。公の足を戸下に見、遂にこれを弑して無知（叛乱者の名）を立つ」。叛乱者による斉侯の弑殺と徒人費の活躍が、短促な文章のなかに活写されているが、これは主語省略の可能な文において、はじめてなしうるものであろう。時間の関係もなく、すべて現在形であることも、場面描写に迫力をそえる。『左伝』はもともと、語部の伝承する『国語』の説話を、文章化したものである。文章語としての簡潔さにおいて、中国語の古典はおそらく比類のないものであろう。『国語』はその点では、対蹠的ともいうべき語脈である。

## 73 御と尤

字の多義性を、御と尤の両字について考えてみることにしよう。

御について『大漢和辞典』に「馬をつかふ・ならす・をさめる・つかさどる・すべる・もちひる・つかふ・すすめる・はべる・敬称・ふせぐ・のぞむ・むかふ・よる・うかがふ・つらねる・いたす」、「とめる・ふせぐ」など、すべて三十四義をあげている。卜辞・金文にはその字は「まつる・ふせぐ・をさむ・つかふ・馬を使ふ・もちひる」のように多義的に用いるが、これらの用義は本来関連性をもつものであったはずである。

御はまず祭名に用いる。それは祟《たたり》を禦ぐために行なわれる。「婦鼠を妣己に御《まつ》らんか」、「婦鼠の子を妣己に御らんか」というのは、この死したる姑妣己が、婦鼠やその子にまで祟をなすのを禦ぐために御《まつ》るのであって、それが御の原義であろう。御の字形は糸たばを祭壇において拝する形であるが、その糸たばは、わが国の白香《しらか》のようなものであろう。これを玉に著けて拝する字が顯（顕）であり、そこには祀られる霊が顯《た》ちあらわれるのである。

御◉　◎

このような字の立意からも、御は「まつる・ふせぐ」を原義とする字であることが確かめられる。しかるに卜辞にはまた、王が卜兆をみて判断を下すときの用語に「茲御」（これを御《もち》ひよ）という語があり、これは狩猟のことを卜して吉をえたときに用い

る。すなわち狩猟に出行してよしということであるが、当時の狩猟は一種の軍事演習的な意味をもち、もちろん車で原野を馳駆するのである。この用法によると、「車を用いる・もちいる」という両義を導きうるが、字の形象は禦を原義とする。その原義を維持するために、禦の字が派生した。

「御《もち》いる」という用法から「つかえる・おさむ」という意味が容易に演繹される。金文には執政のことを「御事」といい、「天子に御《つか》ふ」、「もつて賓客を御《むか》ふ」、「用《もつ》て天子の事に御《もち》ひよ」、「自らその御監《ぎよかん》（鑑）を作る」などの例がある。御が尊称となるのは、尊者がみずから御《もち》いるという意味からである。

はべることを、金文には「剌《れつ》（人名）、御《はべ》る」（剌鼎）のようにいうが、「遹《いつ》（人名）、御《ぎよ》して遣亡《とがな》し」（遹𣪘）という例では、参乗として車上に御《はべ》ることであるらしい。これらは西周中期の例であるが、同じころの令鼎に「王の馶《ぎよ》、溓仲《けん》（人名）僕となる」とあって、馬を御するときには僕馶といういいかたをする。馶は卜文にもみえ、御とはもと別字であるが、音義が近く、御の用義と一部で重なるところがある。『説文』二下に馶（馭）を御の古文としているのは、そのことを示している。

尤《ゆう》について『大漢和辞典』に「あやしい・すぐれたもの・とが・とがめる・うらむ

尤◉　◎

・ためらふ」など十七義をあげる。字形を犬が伏する形とする説があり、それで「あやしむ・とがむ・もっとも」の意が演繹されるというが、あやしいものである。卜文・金文では「尤《とが》亡《な》し」の意に用い、尤は呪術に用いる動物霊の形。「ためらふ」は猶予の猶の仮借。「いかにも・ただし」はわが国だけの用法である。字の多義化は演繹と仮借通用とによる。字書は用義を羅列するだけでなく、その本末を明らかにし、字義の展開を示すのでなければ、「御尤も」というわけにはゆかない。

## 74　訓詁と弁証法

小島祐馬博士の『古代支那研究』（一九四三年、弘文堂書店刊）に訓詁における矛盾の統一を論じた一篇がある。訓詁において、一字のうちに相矛盾する訓をもつ反訓とよばれる現象を、中国古代に弁証法的思惟が行なわれたことを証するものとし、さらに「彼等の生活全体が実に一種の弁証法に遵」うものであり、「このことは人間が弁証法の何たるかを知る以前において既に弁証法的に思惟してゐたといふよりも、寧ろ既に弁証法的に生活してゐたといふことの一つの例証とみることを得ないであらうか」という。これは当時注目された見解であった。

後漢の鄭玄《じょうげん》は『易賛《えきさん》』のうちに『易』に三義ありといい、「易簡《いかん》、一なり。変易《へんえき》、二なり。不易《ふえき》、三なり」という。変易してやまない現象のうちに、かえって常存不変のものがある。この矛盾の綜合統一の過程が自然の運動であり、『易』の原理はその矛盾の統一の上にあるとするのがその説の要旨である。易に易簡と変易とあるのは矛盾であり、いわゆる反訓である。訓詁上、たとえば「乱は治なり」といい、曩《のう》（さき）に久、苦に快、徂（ゆく）に存、臭に香、逆に迎、擾《じょう》（みだれる）に安、離に附、頗に多、虞《ぐ》（たのしむ）に憂、陶（たのしむ）に哀、関に通、仇に匹儔《ひっちゅう》（つれあい）、薬に毒、故に今などの相反義をもつものはみな反訓であるが、このような矛盾的な意味が共存しうるのは、そこに弁証法的思惟がはたらいているからであるとする。

『易』の三義が訓詁として存するものでなく、『易』の原理を説くものであることは小島説にも認めるところである。易は古い字形がなく、蜥蜴《せきえき》（とかげ）の象形とされるがなお疑問である。易は昜《よう》と同じく喉頭音のｉに属し、陽と関係ある語であろう。矛盾的な思惟としては、やはり反訓とよばれる現象を考える必要がある。『楚辞』の『離騒』は罹憂の意であるといわれる。離と罹、騒と憂とは相反義であり反訓であるとされるが、離・罹はともに「あみにかかる」、騒は慅（うれえる）の仮借通用の字であるから、これらは反訓ではない。他のいわゆる反訓字も、たとえば受が授受両義に、門が攻守両義に用いられるのは文勢上の立場の転換であり、厳密に矛盾関係にある反訓というべきものは存しない。

反訓の例としてまずあげられる亂（乱）については、多少の説明を要する。乱は変乱、乱邦のように用いるが、また『論語』泰伯に「予に乱臣十人あり」というのは賢臣の意で、まさに相反義に用いるものである。亂の形体素は𤔔《らん》であるが、これは糸束を架してその上下に手を加え、その紛乱を解こうとする形である。これがおそらく紊乱の乱の初形であろう。亂は𤔔に乙形の器をそえた形であるが、乙は骨製のヘラの象形、それをもって𤔔を解く意である。ゆえに𤔔が𤔔《みだ》れるであり、亂はそれを治める字である。金文には官《かん》にあって司ることを官嗣《し》という。糸を治めることを行政の上にも及ぼした字で、嗣は司の初文である。神に事情を陳述して誤解を解くのに、「言《こと》別きて」申すことばを辭（辞）という。

𤔔◎

嗣◎

辭◎

辛形の字は曲刀、ときに𠙵をつけているのは𤔔と同じである。𠙵は神事の表象である。𤔔系統の字はその訓義を相承けて乱れるところがなく、いわゆる反訓というべきものはない。

## 75　反訓について

漢字には訓義が多く、清の阮元が漢・唐の旧訓を集めて編した『経籍籑詁《けいせきせんこ》』には数十の訓義をもつものがあり、帝・介・徳・離などはほとんど百前後にも及んでいる。このような多義性は単音節語としての語の安定性を著しく失うものであり、決して本来のありかたではない。甲骨文や金文の用義例もおおむね演繹の訓にとどまり、その他は音の仮借義である。いま甲骨文・金文の用義をあげておく。

寡（未亡人・すくなし）　气（至る・もとむ）　其（その・助詞の）　𣪘（青銅器名・舅）
歸（かえる・饋《おく》る）　吾（われ・干吾〔まもる〕）　卿（公卿・饗食）　厥（その・助詞の）
古（古・ゆえに）　差（左・すすむ）　歳（祭名・とし）　乍（作る・祚・迮〔せめる〕
・殂〔ゆく〕）　之（これ・助詞の）　子（名詞・動詞）　吏（まつり・つかい・使役）

司（おさむ・嗣ぐ）　兹（茲〔この〕・絲）　事（まつり・つかえる・こと）　自（より・自ら）　若（つつしむ・かくのごとく・諾・ここに・したがう）　畯（ただす・ながく）　䲨（およぶ・ああ）　省（みる・あらわれる）　飤（食する・あやまる）　身（み・みずから）　臣（神の奴隷・つかえる）　正（ただす・征す）　且（先祖・租税）　走（奔走・われ）　喪（喪う・昧爽《まいそう》〔よあけ〕）　造（いたる・つくる）　肇（はじめ・つぐ）　啻（帝祭・禘祭・敵）　田（田邑・かり）　乃（なんじ・すなわち・もし）　不（ず・おおいに〔丕〕）　辟（君・つかう）　保（太保・宝）　令（命ず・賜う）　友（あり・侑《すす》む・右）　右（祐・佑・有・又）　有（右・又・王朝名の上につけて有周）　余（われ・賖《おく》る）　来（往来・来歳）　立（立つ・位）

それぞれの訓義を比較して、語義の演繹の方向、また仮借義や形声字への分化のしかたをみることができよう。たとえば吾は𠙵をまもるのが本義、代名詞の用法は仮借、保はもと受霊の儀礼で、太保の職、宝は保と同音で通用することがある。自は鼻の象形で、自らはそれを指して自己を示すことからの転義、よりとよむ用法は従《より》と同じく、音が近いので通用する。

字の多義化は、このような最も古い資料においても、主として仮借、同音通用による。それは文章言語としての、単音節語である漢字に特有の現象とみてよい。同音もしくは近似音の字を、当字《あてじ》として用いるからである。たとえば離は、『説文』四上に離黄《りこう》という鶯に似た鳥であるとし、また黄鸝《こうり》ともかく。離と鸝の音が同じであるためで、離の訓義が十六義ありといわれるようにはなはだ多いのは、同音の麗の訓義（つく・あきらか・ならぶ・つらねるなど）をも合わせているからであろう。『易』にも離を麗や明の義とする。離は流離・離婁《りろう》（遠くのものをはっきり区別してみることができた人）・離落・離離（稲穂が並んで垂れるようす）などの語から考えると、もとばらばらのような基本義をもつ擬声的な語であるらしい。離をまた「かかる」とよむのは、羅・罹の音にあてたのである。それで離を「あう」とよむのは反訓ではなく、仮借義が、たまたま本訓とされる「はなれる」と相反義となったものにすぎない。もし矛盾の統一としての反訓があるとすれば、それはその字が同時的に相反矛盾する訓をもつこと、本義が本義としてはたらきながら直接にその矛盾義を誘起し、かつその否定を通じて両義を包摂するというような関係に立つのでなければならない。

厳密にいえば、ことばとしての意味体系が成り立つことがすでに弁証法的であり、従って漢字の場合その文字体系の成り立つことがまた弁証法的である。その意味体系の変革がまた弁証法的であり、それによる新しい表現の創作もまた同様の過程においてのみ成立する。思想的言語の創出者であった孔子も荘子も、そのような意味ではともに弁証法的思想家であった。

## 76 道と徳

語は外延的に多義化するとともに、内面的にも深められる。その内面化を深めるのは文字表記においてであり、「形による言語」として定着された字の形象性を通じて内包の深化を可能にする。

道は道路の意にすぎないが、これを仁義道徳のように実践倫理の意とするのは、字義の内面化である。行路の行が、人の履践する行為の義となるのと同じ。道はすでに述べたように、その原義は、異族の首を携えて、未知の地に赴くときの道の修祓を意味する字であった。首を携えている形は導で、これによって通行しうるものを道という。道を道徳的な実践に結びつけた用義法は、金文にはまだあらわれていない。『詩経』においても、なお道路の例のみである。『書経』には、『大禹謨《だいうぼ》』や『洪範《こうはん》』など、のちに追加された諸篇にのみ、道徳としての用義例がみえる。

道を存在への認識のしかた、さらには実在そのものとする形而上学に発展させたのは、荘周一派の哲学である。『荘子』天下篇に諸子の源流を論じて、「寂漠《せきばく》にして形なく、変化常なし。死なるか、生なるか、天地は並べるか、神明は往くか。芒乎《ぼうこ》として何《いづ》くにか之《ゆ》かん。忽乎《こつこ》として何くにか適《ゆ》かん。万物畢《ことごと》く羅《つら》なるも、以《とも》に帰するに足るものなし。古の道術是《ここ》にあるものあり。荘周その風を聞いてこれを悦《よろこ》ぶ」として、謬悠《びゆうゆう》（とりとめもない）の説、荒唐《こうとう》（でたらめな）の言、端崖《たんがい》なき（はてしない）の言辞をもって荘語したとしるしている。荘語とは思想的言語と解してよい。荘子は中国における形而上学的思惟の創始者である。そして思想の実体が道術という語で示されているのは、興味が深い。道も術も、いずれも道路における呪的行為に由来する語で、かの識られざるものへのはたらきかけを意味している。道路から道徳へという意義の展開ではなく、道術から道徳へなのである。それは原始宗教から形而上学へという昇華であった。荘周の徒が、かつてこの原始宗教の世界にあって観想をつづけていた司祭者の徒であることは、ほとんど疑いがたいように思われる。

徳は省と形義において関連し、いずれも眼の呪力による圧伏の行為を意味する。両

徳◉　◎　省◉　◎

字とも眼の上に呪飾を施した字形である。媚蠱の術をなす媚女と同じである。省は金文に省道の意に用いるが、省道とは眼の呪力によって道を祓う行為である。省は動詞、徳は名詞、実体と作用というような関係である。西周の金文には正徳・明徳・懿徳などの語があり、列国器には政徳の語もみえる。内面的なものが外延化して政徳ともなるのであるが、荘子に至っては「道徳に乗じて浮遊す」（『山木』篇）というように、それは真実在への媒介者である。しかしそれもまた一時の浮遊すべきものにすぎない。ゆえにまた「道徳廃せずんば、安《いづく》んぞ仁義を取らんや」（『馬蹄』篇）ともいう。道徳は真なるものへの、否定的媒介者にすぎない。このようにして古代の弁証法的思惟は、荘子の実存的思索のなかから生まれてくるのであるが、この象形文字のうちに定着した「形による言語」は、どのようにしてそのことを可能にするのであろうか。

## 77 永遠の生

生は有限であるが、有限であるがゆえに無限への可能性をもつ。永遠とは、死を超えることであるからである。荘子はそのことを、真や僊という語を用いて表現する。

眞（真）とは顚《たお》れたる人であり、道傍の死者をいう。この枉死者の霊は嗔恚《しんい》にみちており、これを板屋《ばんおく》（殯宮）に寘《お》き、これを道傍に塡《うず》め、その霊を鎮《しず》めなければならない。その怨霊が再びあらわれて禍することなからしめること、それが鎮魂である。

このいとわしくも思われる真という字を、こともあろうに真実在の世界の表象に用いたのは、荘子である。荘子以前の文献にこの字がみえないのは、その本来の字義が示すように、それは人間の最も異常な状態をいう語であるからであろう。それでもしこの語に、究極的な悟達をいう真人・真知というような高い形而上的意味を与えうるものがあるとすれば、それはそのような死霊の世界に何らかの意味で関与する宗教者でなくてはならない。荘子はおそらく、葬祭のことを主とする儒家とは異なって、天人の際（神と人）のことにかかわる司祭者の階層に属する人であろう。山川の祭祀者は、顚死者をも厚く葬らねばならぬ。人麻呂が属したといわれる柿の本衆のような立場の者であろう。そのような宗教者の観想が、枉死者の死を天地の本然に復《かえ》させ、その絶対否定を通じて、永遠なる生への転換をなさしめたのである。

古の真人は、生を説《よろこ》ぶことを知らず。死を悪《にく》むことを知らず。……翛然《しゆくぜん》（すぐの間に）として往き、翛然として来るのみ。その（生命の）始まるところを忘れず、その終るところを求めず。受けてこれを喜び、忘れてこれに復《かへ》る。これをこれ、心を以て道を捐《す》てず、人を以て天を助けずといふ。これをこれ真人といふ。『大宗師』篇

道に合し、天とともにあるもの、それが真人である。顚死者より永遠の生としての真なるものへという、この大転換のうちには、明らかに弁証法的思惟がはたらいている。

䙴◉

永遠の生をえたものを仙という。僊がその本字である。䙴とは死者を遷すことをいう。人の精神を脱したものを鬼という。䙴はその鬼形のものを前後よりしてかつぎ、おそらく殯《かりもがり》の行なわれる仮小屋、山腹などに設けた板屋に遷すことを示す字であろう。その屍を焚くことを熛《ひよう》という。票は火中

の屍、熛はその重複の字である。その煙のなびくを飄という。

遷とは霊を遷すことであり、神霊を遷すことを遷座という。僊とは神霊と化したものである。『説文』二下に「遷は登（高きに登る）なり」といい、「僊は長生して僊去（神仙となる）するなり」八上という。荘周の学はのち道家として展開し、道家は長生して僊去することを理想とした。晋の葛洪《かっこう》は『抱朴子《ほうぼくし》』をかいてその長生の法を求め、尸《し》解仙《かいせん》をえたという。それは霊魂が屍体を脱して自由をうることだというが、真・僊の文字が示すように、死こそは永遠の生にほかならないはずである。

## 78　文字と世界観

後漢の許慎が『説文解字』を著わして、文字の形体学的研究を試みたとき、古代文字資料はきわめて不十分であり、その成果は必ずしも満足すべきものではなかった。しかし許慎がその文字学において、あれほどの確信をもちえたのは、当時の陰陽二元、天人相関的な自然観が、かれの文字の体系と一致しており、文字の体系は、その自然的秩序の表現にほかならないと考えられたからである。

『説文』の組織は、部首の一よりはじまり、その展開として上と示、また三よりその展開として王と玉というように、綱より目へと形をもって展開しながら、その間に森羅万象を列ね、最後にその万象を運旋する十干十二支をもって終わる。「一はこれ初め太始なり。道は一に立ち（はじまり）、天地を造分し、万物を化成す」という韻語をもってはじめ、篇末にまた韻語をもって収める。すべて整然たる体系をもっている。

一の部には元・天・丕・吏の四字を属する。これらの字形に含まれている一は、すべて「道は一に立つ」という根源的なものとしての意味をもつ。三は数の名。「天地人の道なり」とは、道の本体としての一が、変化して万物を化成し、天地人となるをいう。明らかに、道が流出して世界を形成するという、発出論的な世界観を背景とする字説である。『説文』の体系は、文字をもって世界観の表現とするものであるといえよう。

中国語は単音節語であり、漢字はそれを一つの字形としてあらわす。いわゆる「形による語」である。それははじめから、モナド的な性格をもっている。発出論的な把握は、この文字体系においては、そこにいささかの形而上学的な思惟が加えられれば、容易に成就しうるのである。

漢字の全体は意符としての形体素の系列と声符の系列とに分ちうるが、その範疇を定める上に限定符のもつ機能がはなはだ大きい。限定符はそのまま語の分類の基礎とすることができる。それが部首別字典の行なわれる根拠である。

『説文』は文字の構造的原理を重んずる。たとえば一の部において、一を形体素とする字は他にもはなはだ多いのであるが、そのなかから「一なる道」の意味をもつもののみを選択している。これは範疇論的な方法ということができよう。その範疇論的なブロックの有機的な連関によって、『説文』の全体が組織されているのである。そしてその方法は、宋の鄭樵《ていしょう》の『六書略《りくしょりゃく》』においても、元の戴侗《たいどう》の『六書故』などにおいても、なお踏襲されている。それは根源的な理が万象として展開するという理一分殊を説く宋代の存在論が、なお行なわれていた時代であった。文字の体系と文字学の全体が、その世界観と対応するということほど、みごとな文字の思想化はない。しかしまたこのような世界観をもつ文字が、いつの時代にも対応しうるというものではない。宋元のころから中国語は白話化をはじめる。そしてモナド的文字観は急速に崩壊する。漢字は、中国語の口語化とともに、ことばとの対応という困難な問題に当面していたのである。略字も宋元のころから、しだいに行なわれるようになった。

## 79　複合語

単音節語は音節が単純であり固定的であるため、アクセントによって語義に変化を与える方法をとるが、古代のアクセントがどのようなものであったのかよく知られない。去声《きょしょう》は六朝期に起こったとされ、金文や詩篇では平《ひょう》・上《じょう》・入《にゅう》の三声の合韻もしばしば行なわれているので、アクセントはのちのように強烈なものではなかったのであろう。梁の沈約《しんやく》は、前代の人は四声の別を知らないと称している。語義を広める方法としては、古くから複合語を作ることが行なわれている。

複合には音節的に二語を連ねる形が多く、同義語・類似語・相反語を連ね、あるいは形容語を上に加えるなどによって、語義の強調・拡大・集約・統一をはかり、また概念化や状態性を示すことができる。それは駢字《べんじ》とも連文とも、また連綿語ともいわれ、そのような語を集めたものとしては、清の康熙勅撰の『駢字類編《べんじるいへん》』や民国二十九年の『聯綿字典《れんめん》』などがある。康熙勅撰の『佩文韻府《はいぶんいんぷ》』のような古い辞書形式のものは、おおむねこの複合語・連綿字を集めて、その出典を示している。

国語には、このような意味での複合語は少ない。国語は多くは「あさひ」「ゆふづつ」のような＋《プラス》形式であるが、ここにいう複合語には両者の重なりをもつものが多い。道徳・神仙は類概念の複合で、その相互規定の上に新しい意味を生む。是非・善悪は相対的に両者を並立させているのでなく、その統一としての真なるものを意味する。遠近は場所的に、古今は通時的に、その両者を超えたものをあらわす。漢字にはこのような相反義をもってその両者を包摂統一するという関係の語がはなはだ多いが、これが二元論的思惟に関するものであるのか、あるいは弁証法的思惟に連なるものであるのか、いずれにしてもわが国の複合語が＋《プラス》形式の直線型が多いのに対して、中国の複合語は構造的であるといえよう。

複合語はすでに周初の金文、たとえば令𣪘《れいき》の末文に「用《もつ》て王の逆造《げきぞう》（出入）に饗し、用て寮人（僚友）に廏《きゆう》（供食）せん。婦子後人、永く宝とせよ」のようにみえるが、春秋期になると急速に増加する。いわゆる外交辞令のさかんなときである。斉器の叔夷鐘《しゆくいしよう》は五百字近い銘文であるが、うちに儆戒（つつしむ）・康能（をさめる）・雁受《おうじゆ》（身に受ける）・君公・勤労・先旧《せんきゆう》（慣例）など十九語を含む。金文の訓詁に詳しかった楊樹達は『左伝』成公十三年にみえる晋の呂相が秦に与えた約七百字の書翰中に、三十一の複合語のあることを指摘しているが、そのなかには踰越《ゆえつ》（のりこえる）のような双声、仇讐《きゆうしゆう》（かたき）のような畳韻の語も多い。単音節語の単調さが、これによって祝詞のような荘重な声調のものとなったであろう。複合語は語義の領域を広めるだけでなく、声調の諧和をもたらすものであった。王国維の『聯綿字譜』には、双声・畳韻の複合語を録している。

複合語は語義と声調上の要求から生まれたが、このとき古代の呪的言語は、はじめて修辞性の言語となる。そして両者の止揚の上に荘子の文章が生まれる。文章もまた思想である。

## 80　中国語と漢字

中国語は語系としては孤立語であるが、春秋戦国期以後には、実質的には複合語が優勢となる。「大道廃《すた》れて、仁義あり。智慧《ちけいい》出でて、大偽あり。六親《りくしん》和せずして、孝《こう》慈《じ》（孝子）あり。国家昏乱して、忠臣あり」という『老子』十八章の箴言《しんげん》風の語も、複合語の多い単純な句法であるが、そのパラドックスによってわずかに救われている。

複合語は思想的言語としての屈折には必ずしも適しないが、しかし文の声調をたすけることは確かで、楚辞文学にはじまる漢魏の辞賦文学、また楽府《がふ》や古詩の世界、さらには史書としての『漢書』の四字句読の多い文にも、複合語が多い。四字・六字の対句をもって全体を構成する四六駢儷《べんれい》文(南斉の孔稚珪の『北山移文』、唐の杜牧の『阿房宮の賦など)に至っては、いうまでもない。

複合語が語彙の上でも圧倒的に多くなるにつれて、単音節語の表現上に占める位置はかえって高められる。詩句の表現においても、複合語の統一としての単字用法の巧拙が、詩の表現効果を左右する。「高台　悲風多し」という曹植の後年の運命を象徴するようなこの句は、高台と悲風とを包みこむ語としては、どうしても「多し」でなければならないのである。名詩とされる杜甫の『春望』も、その「白頭掻けば更に短く」が最俗句という酷評をも受けているのは、白頭の語が適当でないばかりでなく、下につづく三字が孤立語として生かされていない点が、不満とされるのであろう。詩において字眼とよばれる、ひびきの高い字のすえかたがある。それは孤立語的な修辞の特徴である。

中国語は、いまではもはや必ずしも厳密には単音節語ではない。たとえば「上《かみ》に道

あるときは、民則ちこれがために死す」は

上　有道　民　則　為之　死

在上的　不乱来　百姓　就要　替他　拚命

となるのであろうが、いまの語ではほとんどが複合語化する。単音節語では、同音の語が多くて聞きわけにくいからである。

孤立語としての漢字と思惟との関係は、孤立語的文脈が崩れているいまでは、もはやあまり重要ではない。しかしあのブロックのように集合する音節と、強烈なアクセントが生み出す標語的な表現のもつ印象の強さは、信号の方法として無類の力を発揮する。そのような標語とともに歩みつづけたような、この三十年来の中国の動きをみれば、その威力を理解するに十分であろう。中国においては、標語による時期区分すら可能である。おそらく、標語は最高の国家の方針であり、民族の指標である。すべての学術誌にも、その時期の標語と『毛語録』とは、格外の大字で掲げられている。

素性の知れない流行語が、ここに消えかしこに浮かぶうたかたのようにただようわが国の国語の現状と、四字句の標語に数億人民の結束を誇ってやまぬ漢字の世界とをながめながら、私は文字のもつふしぎな運命を考えている。あの標語的表現の魅力が失われないかぎり、漢字は容易に滅びないのではあるまいか。漢字は原始の文字にちがいないが、しかしこれほどの信号効果をもつ記号が、他にあるであろうか。その字形がどのように変改されたとしても、それは記号学的に、おそらく最先端にある文字であるということができよう。

# Ⅸ　国字としての漢字

## 81　漢字の伝来

『古事記』の『応神記』に、百済から『論語』や『千字文《せんじもん》』が伝えられたことをしるしており、文献の伝来としては、これがいわば公式記録の最も早いものである。紀元四世紀末ころのことであろうか。しかしわが国と大陸との交通は、それよりもなお早くから、断続的に行なわれていたことが知られている。後漢の光武帝の中元二（五七）年に倭奴国王の使者に与えられた「漢委奴国王」の印は、近年昆明の石寨山《せきさいざん》遺跡から出土した滇王《てんおう》印と同じく、異域の王に与える蛇形のつまみをもつ形式のものである。この印綬を受けた倭奴国王は、その外交使者の派遣に、国交の慣例に従って文書を携行させることを知っていたはずである。文字を使用する以前に、文字についての知識があったことは疑いない。

わが国に残されている紀年銘のある遺品では、東大寺山古墳の後漢末中平紀年銘象嵌環頭大刀があり、三国魏の景初三（二三九）年、倭の女皇卑弥呼の使者が帯方郡の官人に伴われて魏都洛陽に赴き、翌年魏使が金印や銅鏡百枚等をわが国にもたらした。島根神原神社古墳出土の三角縁神獣鏡に景初三年銘があり、和泉黄金《こがね》塚古墳から平縁鏡の同年紀年銘、また群馬柴崎古墳からは正始元年鏡が出土しており、この時期の同范鏡とみられるものもある。

下って応神期に百済から献上されたという七枝刀はいま天理石上神宮に蔵するもので、倭王のために作る旨の金象嵌銘があり、泰和四年という年紀がある。漢の金印のときより、約三百年のちである。そしてさらに七十年ほど後の反正期に作られた鉄製の和刻銘のある大刀が、熊本の江田船山古墳から出ている。和歌山の隅田《すだ》八幡宮の仿製鏡は、その鋳銘にいう「癸未」を四四三年、また五〇三年とする両説が有力とされるが、わが国で作られた古器の銘文としては、この和刻銘大刀と癸未仿製鏡とが古く、ほぼ五世紀後半には、ともかくこの種の文章があったと考えてよい。ただ四世紀後半にさかんに行なわれた仿製鏡の鋳銘には、文字の配置の誤りや左向きのものがあり、当時のわが国の書記の術は、なおはなはだしく未成熟であったとみられる。

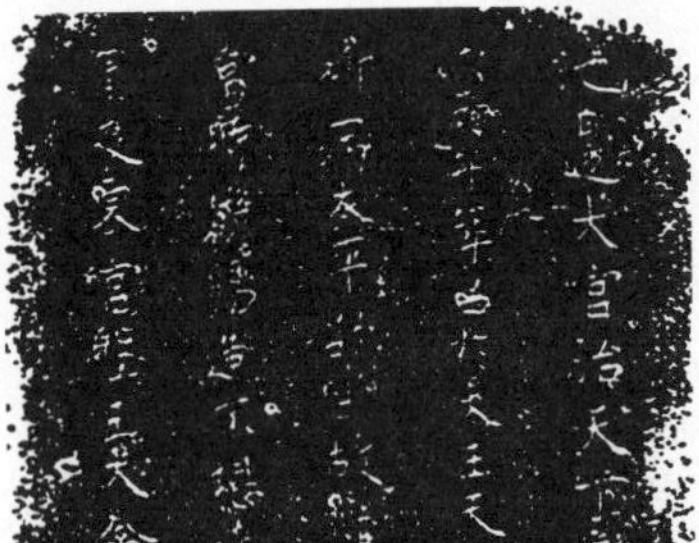

図31　薬師仏造像記銘　わが国最古の金文

さきの大刀銘には「在意《お》柴《し》沙《さ》加《かの》宮《みや》時」のように万葉仮名の用法がみえ、男弟王は「をおと」、またその製作に与かった開中費直を「かふちのあたい」とよむとすれば、この漢文形式の文は国語よみしたのであろう。南部朝鮮では早くから音訓法が行なわれていたらしく、百済でも訓読法のあったことが知られている。わが国の万葉仮名に近い朝鮮の吏読《りと》の資料としては、高句麗城壁の石刻文第一石（五六六年）があるが、六世紀後半以後には、純漢文とともに吏読形式のものも多いといわれている。そのころ、百済の聖明王から仏像や仏典が伝えられ、六世紀末の推古期には、わが国でも仏教興隆の政策がとられた。推古期遺文はまず造像記の類からはじまるが、「池辺《いけのへ》の大宮に天の下しらしめししすめらみことの大御身いたつき賜へりしとき」とよむ薬師仏造像記（六〇七年）の形式は、明らかに訓読されている漢文体の文である。

## 82　万葉仮名

推古期の遺文はみな造像記など類型的なものであり、当時の表現力の実際をみるに十分な資料とはしがたい。太子の著作とされる『三経義疏』だけがいかにもかけはなれたものであったが、これに最も近い系統の写本が敦煌《とんこう》から発見されており、『義疏』の原本は将来本であることが知られるに至った。ただこの当時書記の法はかなり進んでいたとみられ、太子の講経、推古末年の『天皇記』『国記』の編纂などは、百済から多数の漢籍が伝来し、隋との国交も行なわれていることの時期としては考えうることであり、太子の死をしるす推古三十（六二二）年の『釈迦仏造像記』は二百字近い文章である。

太子の薨後五十年にして、壬申の乱（六七二年）を迎える。それよりして天平宝字三（七五九）年、大伴家持《やかもち》の新年饗宴歌に終わる約九十年間が、『万葉』の実年代である。この万葉期における定型表現のなかで、漢字はまことに自在に国語化された。初期のいくらか伝説的な作品を除いて、持統期以後の歌は、おそらく原歌の表記を残しているものも多いと思われるが、このような表記法の発達とその一般化には、かなりの時間を要したものと思われる。遺物としては飛鳥期の土器の墨書などを存するにすぎないが、やがて行なわれる『記』『紀』『風土記』などの編纂事業からみても、漢文和読というその書記方法は、すでに完成に近い状態にあったとみられる。

一字一音形式は固有名詞の表記法として推古期遺文にみえるが、短歌表記としてはむしろ変則のもので、たとえば『万葉』巻五の大伴旅人《たびと》宅の「梅花歌」や漢文序をもつ「松浦河の歌」、他には巻十四の東歌、巻十五の新羅使人たちの歌、巻十七以下の防人《さきもり》歌などがその表記である。それらは漢詩文と共存するために字数を整えるという形式上の制約を顧慮したものか、あるいは原歌に作者自身による表記をもたぬいわば無記的なものを、かりに音をもって写した形式のものである。最古の太子伝とされる『上宮聖徳法王帝説』に引く歌謡も、すべて一字一音形式であろう。

この『法王帝説』は、その仮名表記のうちに、中国の古代音と思われる推古期特有の仮名、巷宜《そが》・巷奇《そが》・奇斯岐移《かしきや》・久波侈《くはた》・等巳《とよ》・比里《ひろ》などの用法がみられ、成立の時期の古いものであろう。一字一音は、いわば一音節のローマ字書きである。一般に万葉仮名というとき、この形式のものをいうが、それは正確なよびかたではない。万葉的表記は、この形式を原則とするものではないからである。

一字一音の表記形式は、本来は『万葉』のような創作歌の表記と区別する意味で、自己表記の方法をもたぬものに用いた。『万葉』の表記法は、原則として漢字の訓義的使用に音仮名をそえる形式のものである。それは漢字の国語化に十分に成功した結果としてあらわれたもので、決して素朴な表記法ではない。『万葉』の歌人たちは、むしろそこに表記という手続き的な次元をこえた、表現としての意識をもって臨んでいたように思われる。

## 83　歌と表記

『万葉』は、漢字を用いて歌を表記することを試みた、わが国ではじめての体験であるが、そこに示されているものは、また国語が漢字に対してとった基本的な姿勢のありかたを、われわれに教える。それは漢字を、国語表記の単なる手段としてローマ字的に用いるのでなく、漢字のもつ諸特質をいかにして国語に従属させ、これを消化し、それを歌そのものの表現の一部にまで高めるかということにあった。そのようなことからいえば、一字一音形式は、いわば表現的なものをみずから放棄した表記である。作者がその表現を託する形式をえらぶことのなかった古代歌謡や防人歌の類のみが、その形式をとる。しかし『万葉』の表記の大部分は、おそらく作者がみずからえらんだものであろう。それでその表記には、人麻呂的、憶良的、家持的というような個性的特徴をもつ表記法がみられる。表記が個性的であるのは、それが表現の一部をなすものとして自覚されているからである。

伝承の歌を音訓的に記録するときには、おそらくきわめて普通の表記法がとられたであろうと思われる。巻二に磐姫皇后《いわのひめのおおきさき》の歌があり、二通りのかきかたがなされている。

　君之行　気長成奴　山多都弥　迎加将行　待爾可将待　二・八五
　君之行　気長久成奴　山多豆乃　迎乎将往　待爾者不待　二・九〇

「君がゆき　け長くなりぬ　山たづね　迎へか行かむ　待ちにか待たむ」という前の歌は、憶良の『類聚歌林』に載せるもの、後者は下句を「山たづの　迎へを往かむ待つには待たじ」という『古事記』下の歌を、編者がこの形にしるしたものであろうが、意識的に字をかえているようである。後者の「迎乎」などは感動の表現を含み、いくらか漢文の用字法に近い。

人麻呂の歌には、たとえば巻十一、巻十二の『人麻呂歌集』のように、略体といわれる、助詞などを省いた極度に簡略な表記法をとるものが多いが、しかし人麻呂作歌には必ずしもそうでないものもある。たとえば近江の荒都を過ぎるときの歌（二九～三二）は、注に異文をしるしていることからも、所伝に問題のあることが知られるが、その「反歌」二首、

楽浪之《ささなみの》　思賀乃辛碕《しがのからさき》　雖幸有《さきくあれど》　大宮人之《おほみやびとの》　船麻知兼津《ふねまちかねつ》　一・三〇
左散難彌乃《ささなみの》　志我能大和太《しがのおほわだ》　与杼六友《よどむとも》　昔人二《むかしのひとに》　亦母相目八毛《またもあはめやも》　一・三一

は、「ささなみの　しがの」の表記を特にかえている。しかし人麻呂の歌には、たとえば

東野炎《ひむかしののにかぎろひの》　立所見而《たつみえて》　反見為者《かへりみすれば》　月西渡《つきかたぶきぬ》　一・四八

のような簡体の表記と、「所見而」のような漢文の語法的表記が特徴的である。ほとんど正訓を用いるが、末句の「月西渡」は、空間的な印象性を意図した表記であろう。

一字もむだがなく、独自の表現的表記が試みられている。

巻十一の「人麻呂歌集」百四十九首、巻十二の二十三首は略体とよばれる簡略表記で、それを人麻呂自身の作歌であり表記であるとする論者もあるが、旋頭歌や問答をふくみ、分類法も後期的なもので、特定集団による集録歌であろう。いわゆる略体も、その集団内部の表記法とみられる。

## 84　憶良の様式

『万葉』の表記には、表意的な方法としては餓鬼《がき》・法師のような字音語、山や川のような一字訓、織女《たなばた》・健男《ますらを》のような熟字訓、金風《あき》・朝烏《あさひ》のような義訓、また表音的には阿・伊などのほか、安吉《あき》のような略音、印南《いなみ》・宿禰《すくね》のような複音節表記、「雲谷裳《くもだにも》」のような訓仮名、他に「十六自物《ししじもの》」のように戯訓とよばれるものがある。字の音訓の使用に一種の知的遊戯の気分すら感じられるのは、漢籍に親しむことの深い時期に特徴的にあらわれることである。たとえば平安前期の漢詩文における小野篁《おののたかむら》や三善清行《みよしきよゆき》、やや下って源順《みなもとのしたごう》などには嘲世的な詩文があり、江戸期の狂詩文の盛行もそれである。明治初年にも、成島柳北《なるしまりゅうほく》はその戯作的文章に新政府に対する満身の嘲罵を寄せている。これらのことを思うと、表現・表記における異常性は、それだけ強烈な自己主張のあらわれとみてよい。いまでいえば、内閣告示を無視した表現ということになろう。

用字法の意味を文学論的な次元にまで高めて追究した高木市之助博士の『貧窮問答歌の論』（一九七四年、岩波書店刊）は、その意味で注目すべき提説に富む。憶良の「貧窮問答歌」（巻五・八九二）は、その比類のない文学的情動と、特異な用語を駆使する非雅言的様式と、長歌の約束を無視した問答的二段構成、用字における孤語と愛語への偏執と、それらのすべてを通じてそこに実現された真実の意味でのリアリティの構造が明らかにされる。人麻呂の愛用した枕詞は、この長篇には一句も用いられておらず、ただそれらしくみえる「ぬえ鳥の」も、次につづく「のどよひ居るに」の状態的表現で、「ぬえ鳥なす」の意と解すべきである。あらゆる修辞的形式や慣用的語法が、ここではすべて拒否されている。高木博士はこのことを実証するために、かれのほかには用語例のない孤語、かれが特に多用する愛語をえらび、『万葉』の語彙のなかでその占める位置を計量学的に調査し、その一つ一つを実証する。その方法はいまの言語計量学の方法に似ているが、おそらく計量学の最も正しい適用のしかたであろうと思う。いまの計量学は主として告示以後の資料を対象としており、大海の魚の生態を測らずして、養魚場の飼育魚を統計の対象としているのにひとしい。

憶良の歌は必ずしも成功した傑作というべきものではなく、またわが国の文学において正統的な地位が与えられているものでもない。またその孤語や愛語への偏執も、何びとにも望ましいというものでもない。しかし憶良の歌が、『万葉』の完成されたどの歌人よりも、人間的なものをその作品に結晶せしめえたとすれば、それは著者のいうように、「ロゴスとパトスとの相関関係というか、学問における主知的要素と主情的要素の統合関係というか」（『貧窮問答歌の論』一一一頁）、そのようなものが文学において必須の条件であるからであろう。憶良を非日本的な歌人のように考える人が多いが、それは憶良のこのような文学的実践が、わが国の伝統のなかで容易に定着しえなかったということである。文学のために、それはいうまでもなく悲しむべきことであった。

## 85 日本漢文

平安朝前期の漢文学は、『凌雲集《りょううんしゅう》』『文華秀麗集《ぶんかしゅうれいしゅう》』『経国集《けいこくしゅう》』などの詩文集をはじめ、作家が輩出して名家の私家集も多く、はじめて文運の栄えた時期である。ついで嵯峨の弘仁期より後一条の長元に至る十七代二百年間の文辞は、鬱然たる総集『本朝文粋《ほんちょうもんずい》』として伝えられている。その間に空海の『篆隷万象名義《てんれいばんしょうめいぎ》』、昌住の『新撰字鏡』、源順の『倭名類聚抄《わみょうるいじゅしょう》』など大部の字書も作られ、入唐の僧にはその紀行や巡礼記の文を残しているものもあり、わが国にとってまことに大きな文学的体験と修練の時期であった。

しかしわが国の文学との関連からいえば、唐風を模倣したこれらの純詩文というべきものよりも、むしろ日本漢文というべき特殊な和風の文章に、より多くの問題がある。それは唐風の極まるところは国語からの離脱にすぎないが、日本漢文は国語の文脈を形成しながら、やがて文章語として定着する経過をたどるからである。たとえば『日本霊異記《りょういき》』は七八七年ころ原撰、八二二年ころの増補とされるが、その文体はいわゆる日本漢文でかかれ、篇末に多く和訓の音義を加えている。巻上、「狐為妻令生子縁第二（狐を妻と為《し》て子を生ましむるの縁、第二）」は、唐の伝奇小説『任子伝』や、わが国のお伽草子の木幡狐の類の話である。

昔欽明天皇御世、三野国大野郡人、応為妻覓好嬢、乗路而行、時曠野中、遇於妹女、其女媚壮馴之、壮睇之、言何行稚嬢、嬢答、将覓能縁而行女也、壮亦語言、成我妻耶、女聴答言、即将於家、交通相住

「昔欽明天皇のみ世に、三野の国大野の郡の人、妻《め》とすべき好き嬢《をみな》を覓《もと》めて、路を乗りて行く。時に曠野の中に、姝《うるわ》しき女に遇へり。その女、壮《をとこ》に媚《こ》び馴《なつ》き、壮睇《めかりう》つ。言はく、何くに行く稚嬢《をみな》ぞといふ。嬢答ふらく、能き縁を覓めむとして行く女なりといふ。壮もまた語りて言はく、我が妻と成らんやといふ。女、聴《ゆる》さんと答へ言ひて、即ち家に将《ゐ》て、交通《とつ》（嫁）ぎ相住む」。狐の妻がくると家の飼犬が荒れるので、夜ひそかに通うてくる。それで名を「岐都弥《きつね》」（来て寝る、来《き》つ寝の意）という。訓注は全書で千二百語をこえる。仏典に訓注をつけた音義類にならったものであろうが、このようにして漢字の音訓は俗文学的土壌においてもつちかわれてくる。

夜来て寝るから狐というような軽口は『竹取』や『土佐』にもみられるが、このよ

うなことばのおかしさやみえすいた虚構を楽しむのは、民衆的な地盤のものであったかもしれない。『古今集』にみられる機智性も、漢詩文の世界のものではなくて、このような説話的な民衆的地盤が、地下人たる歌人層のなかで和歌の世界にもちこまれたものであろう。それはあるいは『万葉』の用字法にみえる戯訓などに示されている、笑いの系譜に連なるようである。平安後期の散文精神を前期の漢文学の延長の上に求めようとする考え方もあるが、後期散文のそれはむしろ日本漢文の流れに属していよう。『将門記《しょうもんき》』の文章には四六文的な形式をとることが多いが、そこから出てくるのはむしろ『平家物語』のような戦記文である。

## 86　訓読法

平安前期の漢詩文の作者たちは、直読法によって中国詩文に近接する努力を重ねたようであるが、その作品にはやはりいわゆる和習を帯びることを免れなかった。この時期に尨大な漢籍が入唐者などによってもたらされ、貞観十七年、宮中の秘閣冷泉院の大火に累代の図書が失われ、改めて集められた図書の目録『日本国見在《げんざい》書目』に著録されるものなお千五百七十九部、一万七千三百四十五巻にのぼる。これらの書の学習はおそらくおおむね訓読によるもので、音読語に訓読をかさねるいわゆる「文選《もんぜん》よみ」なども行なわれていたであろう。林羅山が施した訓点、すなわち道春点は新点であるが、なお「文選よみ」の形式をとっており、たとえば『詩経』巻頭の『関雎《かんしよ》』の篇の首章を、

関関トヤハラギナケル雎鳩《しよきゆう》ノミサゴハ河ノ洲ニアリ　窈窕《ようちよう》トシヅカニタダシキ淑女ノヲトメハ　君子ウマヒトノ好逑《こうきゆう》ノヨキタグヒナリ

のように字音語に訓義を重ねながらよむ。初歩の外国語の学習に行なわれる方法である。堂上家のよみかたはこれと異なり、普通の訓読法であった。室町期の博士家清原宣賢《のぶたか》の講義本である『毛詩抄《もうししよう》』は、道春点より百年ほども早いものであるが、

関関たる雎鳩　河の洲に在り　窈窕の淑女　君子の好き逑《たぐひ》なり

とよむ。山崎闇斎《あんさい》の闇斎点はこのよみかたである。

訓読法の問題ではないが、朗詠の盛行ということも、和漢の詩文を接近させる機運となった。そのような風潮は、文章経国の律令的理念に支えられていた弘仁・承和期の作者たちが、凋落しはてたころあらわれる。菅原道真が漢詩と和歌を並べた『新撰

万葉集』を作り、凡河内《おおしこうちの》躬恒《みつね》の『躬恒集』にも晩秋遊覧の詩と歌とを合わせている。そして道長と同じ時期の藤原公任《きんとう》の編した『和漢朗詠集』には、この和漢習合の詩風に最もふさわしいものとして白楽天の詩句が多くとられた。七言二句のもの四百三十一句のうち、白詩は三分の一を占める。詩的なきびしさの乏しい俗句が多いので、白俗といわれるようなその詩句が、朗詠には適していたのであった。わが国でも弘仁期の作者は、小野篁一人を除いて、他は選に入るものがない。

朗詠のよみかたはまた、はなはだ国語的なものであった。白楽天や元稹《げんしん》の詩には和訓に適したものが多い。

背燭共憐深夜月《トモシビヲソムケテハトモニアハレムシンヤノツキ》　踏花同惜少年春《ハナヲフムデハオナジクヲシムセウネンノハル》　（春夜　白）

不是花中偏愛菊《コレハナノナカニヒトヘニキクヲアイスルノミニアラズ》　此花開後更無花《コノハナヒラケテノチサラニハナノナケレバナリ》　（菊　元）

当時『元白集』や『元白詩筆』なども舶載されていて、宮廷人の翫賞をえていたのであろう。朗詠の詩句はいずれも譜を加えて歌うたものである。菅公の「東行西行雲渺渺　二月三月日遅遅」という詩句のよみかたについて、ある人が北野天満の霊に請うたところ、

トサマニ行キ　カウサマニ行キ　雲ハルぐ　キサラギヤヨヒ　日ウラく

という訓《よ》みを授けられたという『江談抄』の話はもとより俗説であろうが、当時の朗詠にふさわしいものとして、このようなよみかたが期待されていたのであろう。陶淵明の『帰去来兮』を「カヘンナンイザ」とよむのも、菅公の訓であるという。漢詩文の訓読法はしだいに国語の語脈と融会して、その訓読文は国語の重要な領域となるのである。

## 87 散文の形式

漢字を用いてはじめて国語をうつすとき、国語の語法語脈を忠実にしるすのには、宣命《せんみよう》や祝詞《のりと》の形式をとるほかはなかった。形式語を小字書きするその方法は、おそらく吏読からえたものであろうといわれている。吏読はたとえば「天地之間、万物衆厓（に）唯人伊（が）最貴為尼（から）」のように、助詞を音仮名でそえ書きする形式である。その伊は、わが国で古く主格に用いる「木乃関守伊《きのせきもりい》」（『万葉』四・五四五）の「い」と関係があるかもしれない。宣命の「貴支高支広支厚支大命乎受賜利恐坐氐（貴き高き広き厚き大命を受け賜はり恐《かしこ》み坐《ま》して）」（『文武元』）、また祝詞の「如此所聞食氐波皇御孫之命乃朝廷乎始氐天下四方国爾波罪止云布罪波不在止（かく聞こしめしてはすめみまの命のみかどを始めて天の下四方の国には罪といふ罪はあらじと）」（『大祓詞』）は、いずれも吏読の形式にはなはだ近いものである。持統期にすでに成立していたと考えられる『高橋氏文』の「取日影天為縵、以蒲葉天美頭良乎巻寸採麻佐気葛弖多須岐仁加気（日影を取りて縵と為し、蒲の葉を以て美頭良を巻き、麻佐気の葛を採りて多須岐にかけ）」はいくらか漢文語法をまじえるが、『記』『紀』以下の文はこの漢文の語法によるものを主流とする。それは訓読法が『記』『紀』の当時すでに定着していたことを示している。

形式語を音仮名で小記する形式は、法談を筆録したものとみられる平安末の『打聞《うちぎき》集《しゅう》』や『今昔』系説話にも片仮名双記の方法で残されており、「昔唐ノ王、大堂ヲ造テ仏ヲ種々ニ造顕タマフテ我ハ賢キワサシタリ有智ノ僧ニ見セテ尊トカラレムト思シテ」のようにしるす。『今昔物語』もこの文体であり、表記も同じ。訓読法の送り仮名のようなそえかたである。

いわゆる日本漢文は、漢文の形式をとるも語脈はあくまでも国語であり、それでその本文とよみかたとは、のちの真名《まな》本と仮名本のような関係となる。『将門記』などはその古い例となしうるものである。

将門所念、啻斯而已。……同者始八国至王城、永欲虜領王城、今須先奪諸国之印鎰、一向受領之限、追上於官都、然則且掌入八国、且腰付万民者

「将門念ふれば、ただ斯ならくのみ。……同じくは八ヶ国より始めてみやこに至り、永らく王城を虜領せんと欲《おも》ふ。いますべからく先づ諸国の印鎰《いんやく》を奪ひて、一向に受領の限りを、官都に追ひ上げん。然らば則ち且は八ヶ国を掌に入れ、且は万民を腰につけんといへり」

かくて「本儀すでに訖《をは》んぬ」として手兵を従えてまず下野国に向かうが、「各騎如竜之馬、皆率如雲之従也。揚鞭催蹄、将越万里之坂、心勇神奢、欲勝十万之軍（各〻竜の如くなるの馬に騎《の》りて、皆雲の如くなるともを率《しゅっ》せり。鞭を揚げ蹄を催ほして、万里の坂を越えんとするに、心勇み神《しん》奢りて、十万の軍に勝たんと欲《おも》ふ）」という四六騈儷《べんれい》の文を用いている。このような修辞が和文脈に移されると、『平家物語』のような七五調への移行ということも考えられる。やがて唱導僧たちの活躍する時代である。

## 88　国語の文脈

国語から漢文へ、また漢文から国語へという両者の志向は、大きな運動としては一つの文体に向かって進んでいたようにみえる。それが『古今集』の序に、漢文の真名序と、その反訳とも思われるような仮名序の二つを作らせたのであろう。そしてついには漢詩と和歌とを共存させるという鑑賞の方法を生んだ。

和漢朗詠のような風尚の背景には、両者の表現形式の相違にもかかわらず、その志向する詩的情緒の世界が共通するものであること、漢字による表現も国語的によまれ、国語としての情緒的表現に十分有効であることが条件となる。それは漢詩文が和様化にたえうるということであり、歴史や説話だけでなく、文学的用語としても適合しうるということの証拠である。朗詠の詩句は、不定型的な和歌に近づいてくる。

随筆においても和漢共存的な事実がある。清少納言の『枕草子』が、晩唐の李商隠の『雑纂』と関係があるらしいことは、江戸期にすでに主張されていることであるが、川口久雄博士は、王朝期にすでに行なわれていた「物はつけ」形式の『十列歴』との関係を指摘されている（『三訂　平安朝日本漢文学史の研究』中、第二十章）。上段はその『十列歴』、下段は前田本『枕草子』の文である。

冷物《すさまじきもの》　にげなきもの
老女仮借《おうなのけさう》　老いたるもの……のわかきをとこもちたる、いとみぐるし
不用物《ふようなるもの》　すさまじきもの
朱雀吠犬《すざくにほゆるいぬ》　ひるほゆる犬
危物《あやふきもの》　うちとくまじきもの
波上舟《なみのうえのふね》　舟のみち

『枕草子』の特異な文体とされる連体形止めの形も、「冷物　女酔」（すさまじきものをみなのゑひたる）という訓読形からきたものではないかとされている。

『古今集』における真名序と仮名序、『和漢朗詠集』における詩と歌との共存、『十列歴』と『枕草子』というような関係を考えると、やがて作品の全体を真名本として漢文化することが行なわれてもふしぎではない。『伊勢物語』の真名本は南北朝以前の成立とされているが、おそらくそのころには、すでに『方丈記』の真名本があったものと思われる。『方丈記』は平安中期の文人慶滋保胤《よししげのやすたね》の『池亭記』にならったものと

されているが、その文体は全く和語を用い、「ゆく河の流れは絶えずして、しかももとの水にあらず。よどみにうかぶうたかたはかつ消えかつむすびて、久しくとどまることなし。世の中にある人とすみかと、またかくの如し」という流れるような文脈であるが、しかしそれはまたそのまま漢文の形式とすることもできるのである。この冒頭の文を『十訓抄』に、『文選』の陸機の「歎逝賦《たんせいのふ》」の「川は水を閲して以て川を成し　水は滔《とう》滔として日に度《わた》る　世は人を閲して世となり　人は冉《ぜん》冉（月日が移る）として行暮（老年となる）す」から発想をえているという。この和文の骨格の形成に漢文的文脈が関与していることは、疑いのないことである。

## 89　文語について

かかれている文章は、近世の抄物《しょうもの》（口語体の講義筆録）や江戸期の市井の文学を除いて、ほとんどすべて文章化されたものである。その様式は時代によりジャンルによりそれぞれ異なり、ときには男性の漢文学に対して女流の物語文学、あるいは和文脈の多い『大鏡』など鏡ものとよばれる史書に対して、漢文脈を多く用いる戦記もの、また説話文学などの展開もみられるが、やがてこれらのものを渾融して、文語とよぶべき様式が生まれる。近世以後の口語の語系に対して、いわば国語として正統的な地位を占める文語である。一般にそのようなものとして和漢混淆文が考えられるが、そのよびかたはその形式的な一面にとどまるものであるから、文語とよぶことにする。その文の様式的な展開のしかたは、たとえば史論をもっていえば慈円の『愚管抄』、北畠親房の『神皇正統記』、下っては新井白石の『読史余論』のような、達意を主とする系列の文を考えることができよう。その時期には記録体の日記類も多く、豊富な生活語彙を残している。また文章史の上からいえば、道元の『正法眼蔵』などは、宗教的文章として特殊なものではあるが、国語としての表現力の一面の成就を示すものといえよう。

これらのいわゆる文語成立期の文章のもつ形式的特徴は、語彙の豊富、語形の簡約、語法の整斉、および緊張したリズム感が、その文を貫いているということである。それらは多く漢字のもつ機能にたすけられている。これを近世国学者流のいわゆる雅文と比較すると、その相違は明らかであろう。近世雅文は文語ではなく、一種の復古的擬古文である。漢字を拒否した文章の無構造性・非可塑性の典型をそこにみることができよう。

江戸期の言語は階層的分化が強められて、市民社会には口語化が進み、士人社会では漢籍を修めることが一般教養となり、これに反撥する国学者流は死語に近い雅語・擬古の文に執着した。そこには、新しい文章の創造は望みがたい。

早年にして明の李攀龍《りはんりよう》一派の古文辞学に接した荻生徂徠《おぎゆうそらい》は、わが国の従来の漢文訓読法を否定し、唐音直読によってはじめて古典の学に参入しうるとした。また詩文の和習をも脱しうると唱えたが、徂徠一派の詩文にも和習を帯びるものが多いことは、その批判者によって指摘されている。巧みに模倣することだけが、すべてではない。問題は、すでに国語の血脈のなかにある漢字を、また漢字を通して国語領域化している中国の文学や思想を、どのようにして国語のなかに摂取し、新しく血液化するかにある。それは模倣によってではなく、国語のなかにその可能性の場を求めることである。江戸期の和文梗塞のなかにあって、そのような可能性を文学において試みたものとしては、たとえば芭蕉や蕪村の作品をあげることができよう。ただこの期の有数な思想的著作である三浦梅園の『玄語』、安藤昌益の『統道真伝』、富永仲基の『出定後語』などが、みないくらか破格に近い漢文体であることは、思想的文章としての文語がなお十分な完成に達していなかったことを示すものともいえよう。

## 90 現代の文章

明治以後の文語文を、それ以前の文語と区別して普通文とよぶ。雅文系統の和語が消滅し、漢文訓読による特殊な読みくせとなっていた破格に近い語法なども改められ、新しい知識体系に対応する大量の漢字による語彙と、欧文の語脈・語法も加わって、様式的にも従来のものとは異なる文体が生まれた。それは教科書などに用いられて普及し、国民的文章として定着した。

西欧の文化の摂取を急いだ新政府の政策によって、あらゆる分野の知識や技術が導入されたが、そのための必要な語彙は漢字で訳されることが多く、いまも用いられている語が多い。スウェーデンの言語学者カールグレンは、わが国が明治の変革期のような時期に、外国語をわざわざ漢字訳しないで、原音のままでカナ書きして用いる方針をとっていたら、日本の国字問題は早く解決していたはずであるという。しかしそれはおそらく、外国語をそのまま自国語の語形に受け入れることのできるヨーロッパ人の考えかたであって、語系の全く異なるわが国に適用しうるものではない。漢字を国語化するためにも、ながい歴史を必要としたのである。カールグレンのような中国語学の研究者にも、漢字はやはり文字としてよほど異質なものとする考えかたがあるらしい。しかしいまや、漢字制限の結果として、カナ書きの語は、ある分野では漢字を凌駕しているということである。

ことばにしても文字にしても、それ自身の自律的な生きかた、運動とその法則性とをもっている。漢字とカナ、漢語と和語とは、ときに反撥し、ときに妥協しながら、わが国の言語史・文章史を形成し、それぞれの時期にそれぞれの様式のものを残してきた。明治以後の文章は普通文の成立、言文一致の運動などを通じて、現代のことばと文章を用意し、大正より昭和にいたる文章の展開は、特殊な保守的な文章や左翼論文などのほかは、きわめて好ましい経過を示していたように思う。谷崎潤一郎の『文章読本』以来、丸谷才一氏の『文章読本』に至るまで数種にのぼる文章読本に、その傾向ははっきりとみえている。現代の文章には、現代の文章の自律的な自己運動に、十分な信頼をかけてよいのである。

流動することばの歴史のなかで、完全な用字表などできるはずはなく、ひとたび出された告示は、改定のたびに混乱を加え、権威を失い、道化的となる。競輪に八百長問題があって新聞紙上をにぎわしたとき、新音訓表の付表に「八百長」が加えられ、ついでに「八百屋」も仲間入りをした。音訓表に「八百屋」がなくても、買物をする主婦が困惑することはない。しかし音訓表によって音訓の有無をそのたびごとに確かめながら、文字を用いなければならぬとすると、これほど煩瑣なことばの生活はない。それぞれの時代に、あの卓越した個性的な表現を成就した人たちのような創造への可能性は、いまわずかに許されている言語領域からは望みがたいであろう。すべては、漢字を借りものとする根本的な認識の誤りに発している。

# X　漢字の問題

## 91　緑の札

たぶん昭和五、六年のころであったと思う。朝日新聞の夕刊に、『緑の札《グリーン・カード》』という、五十年後の社会を描く未来小説が連載された。懸賞小説の応募作品である。主人公は、企業欲にとりつかれた汎太平洋航空の女社長である。その息子は生命の神秘にいどむ若い科学者で、自分の愛人を実験台に使って仮死状態に陥らせてしまい、危く恩師の手で救われる。一夜荒れ狂う洋上で雷撃を受けた自社の大型旅客機が墜落して、事業は破綻し、家族のことなど見向きもしなかった女社長は、はじめて人間的な愛情にめざめるというような筋であったと思う。それからもう五十年に近いころであるが、いまならばどこかにこのようなことがあっても、あまりふしぎでもないような設定である。

この話を私が記憶しているのは、そのなかに出てくる人物の会話が、まるで電報のようにカナ書きされ、自然言語の性格を失った、全く記号に近いようなそのことばの異様さが、特に注意をひいたからであった。当時、わが国や中国の古代のことを何かと考えようとしていた私には、この設定はそらおそろしいものであったが、漢籍の教養が急速に衰退しつつあった当時のわが国の状況を考えると、ありえないことでないとも思った。この小説の未来は、いま確かに現実としてある。そして漢字は、ある研究者によると、この数年来の減少速度を延長して考えると、遠からずして滅びる運命にあるということである。漢字とカナ書きの比率も逆転の傾向にあるとされる。遠からずして、カールグレンが勧告したような状態になるのかもしれない。

カナやローマ字は一体文字であろうか。もしことばをしるすものが文字であるとすると、それはことばをしるすものではない。本や book はことばであるが、ホンや hon は音をならべただけで、十分な単語性をもつものではない。単語としての特定の形態をもたないからである。「形による語」をアランは漢字に対する軽蔑的な意味に用いたが、形のないものは本当は語ではありえないのである。

大学の規模が巨大となり、多くの学生をもつ大学では、すべてコンピューター・システムをとるために、学生はみな番号とカナタイプで示される。出席簿もその形式である。この名簿を使っていると、いつまでたっても学生の映像が名と結びつくことがない。「影を失った男」のような奇妙な空虚さを、免れることができない。あるいは、影を失うべき形すらないという抽象の虚しさが、人を困惑させるのである。カナの世界では、おそらくこの影をもつこともできないような文字空間が、人びとを支配するようになるだろう。

漢字は形体素の集合であるから記憶しやすく、識別が容易であり、千分の一秒の閃光でも、漢字の映像は把握できることが、実験的にも知られている。おそらく文字記号として、これほど瞬間把握力のすぐれたものは他にあるまい。漢字にはなお識られていない可能性が、多く含まれているように思われる。

## 92　音と訓

音訓表では、許されている音と訓とが定められていて、それ以外の用法は認めないとする原則である。その最初の表をみると、音だけの字がかなりある。

亡　円　文　功　司　圧　奴　巨　弁　号　伐　兆　列　匠　吉　壮　在　地
如　朱　毎　佐　克　却　完　対　応　技　究　邦　体　京　例　併　具　到
効　卒　周　垂　奔　委　宗　宜　屈　往　怖　抽　拍　易　昇　武　殴　英

附　非

以上は八画までの字のうち、訓を用いてもよさそうなものをあげた。音を用いる以上、できるだけ訓をも知る方がよいのである。音はそのまま国語ではない。亡は逃亡・死亡というとき、はじめて語となるのである。同義語を連ねることによって、あるいは亡国・亡霊のような修飾関係の語によって、その字義を確かなものにする。それには亡が、「にげる」「うしなう」という国語の意味にあたるものであることを知らねばならない。訓をもつことによって、その字は国字となる。『万葉』や『記』『紀』の訓書きによって、漢字はことばとしても血肉化されたのであって、一字一音式は本来の国語表記の方法ではない。訓のない文字は、国語領域化されていない文字である。音訓表が音を主とする用義に傾いているのは、漢字を国語領域からなるべく排除しようとしているからである（右の五十六字のうち、十七字について、のちの常用漢字表において、一部の訓が加えられた）。

わが国の古い字書類も、もとより訓を主とするものであった。平安末期のいろは引き辞書である『色葉字類抄《いろはじるいしょう》』には、イタルとよむもの八十五、ミルと訓するもの五十六を録し、カヘリミルだけでも十五語に及んでいる。訓によってのみ漢字は国語化され、意味が把握される。訓のない字は記号にすぎない。訓をけずることは負担の軽減を意味するのではなく、意味の知られない記号を強制される負担を加えることとなる。

文字はかかれるものである以上、文章文字である。文章としてよまれることを前提としている。それで語の具体的な意味を限定し、明確なかたちでしるす方法があれば、なるべくその方法を用いることが望ましい。たとえば「はかる」には、音訓表に図・計・測・量をあげている。謀・議は字音においては用いられるが、訓の用法はない。民主主義の時代に会議で定めるという議《はか》るという訓みを残しておいてもよいはずである。「あらわす」には表・著の二字をあげるが、顕を字音に加えるならば、これも加えてさしつかえないはずである。「きわめる」に窮のみをあげるが、字音にあげる究・極も同訓としてよく、これは昭和四十八年の改定のときに加えられた（のち常用漢字表には、謀・現の訓が加えられた）。

副詞・接続詞をすべてカナ書きとし、動詞には一字だけあてるというのは一種の言語統制であり、国粋思想である。「おもう」には思うだけをあげるが、字音中の想・懐・憶・念はみなその訓でよまれてきた字で、これでは音訓表以前の文章を全くよませない教育をしているにひとしい。音訓の慣用範囲は、もっと広げるべきである。

## 93　字遊び

高等な動物ほど、遊戯本能をもつということである。その道理をもっていえば、字遊びのできる文字ほど高等ということになる。遊ぶことを知らぬ字など、字というに価しないものであるかもしれない。

万葉人は、その歌の表記に多くの戯訓を用いている。

言云者《ことにいへば》　三三《みみ》二《に》田八酢四《たやすし》　小九毛《すくなくも》　心中二《こころのうちに》　我念羽奈九二《わがおもはなくに》　十一・二五八一

垂乳根之《たらちねの》　母我養蠶乃《ははがかふこの》　眉隠《まよこもり》　馬声《い》蜂音《ぶ》石花《せ》蜘蟵《くも》荒鹿《あるか》　異母《いも》二《に》不相而《あはずして》　十二・二九九一

数字を並べたてた表記、また動物の鳴き声などを擬声語的に用いた表記は、かなり遊戯的気分の強いものであるが、相聞歌として相手の注意を引く効果はあろう。異母というのも他に例がなく、すこし気になるかきかたである。またそれとない表記のうちにも、

旅尓之而《たびにして》　物恋之伎尓《ものこほしきに》　鶴之鳴毛《たづがねも》　不所聞有世者《きこえざりせば》　孤悲而死万思《こひてしなまし》　一・六七

には、「孤悲而死万思」のようなその用字のうちに、作者の切ない思いをひそめているようである。表記はまさに表現である。

字遊びはやはり漢詩文のさかんな世、人びとが漢字に親しむなかで弄《もてあそ》ばれたようである。『十訓抄』に小野篁《たかむら》の話として伝える「無悪善」という落書の字謎がある。「さがなくばよかりなまし」とよんで、嵯峨帝を呪詛した語であるという。狂蕩の人とされる篁にはこの種の話が多く、『宇治拾遺』には「子子子子子子子子子子子子」と子を十二かいてこれを「猫の子小猫、獅子の子小獅子」とよんだ話や、『江談抄』などには「一伏三仰不来待　書暗降雨恋筒寝」という七言二句の難題を出されたが、これを、

月夜には来ぬ人待たるかきくらし雨も降らなむ侘びつつも寝む

という『古今集』の歌だと訓み解いたという。一伏三仰は夕月夜である。またそのときの難題の一に「木頭切月中破」がある。「木頭切」は不、「月中破」は用、すなわち不用である。このように文字を離合して謎とするのを「離合」という。

字謎が一篇の小説を構成していることがある。唐の伝奇小説『謝小娥伝《しゃしょうがでん》』もそれである。小娥はその夫と父とを江上の賊に殺されるが、夫が夢にその賊の名を「我を

殺せるものは、禾中走、一日夫なり」と教える。小娥はその謎を解くため乞食して諸国をめぐり李公佐にあい、禾中走は田の上下を貫くもので申、一日夫は合わせて春、従って賊の名は申春と教えられ、男装して賊の消息を求め、その家に住みこんで復仇する。李公佐はその伝奇小説の作者である。

藁砧《こうちん》今何《いづくにか》在《ある》　山上復《また》有レ山　何当《いつかまさに》大刀頭　破鏡飛上レ天　『玉台新詠』古絶句

藁砧は趺《ふ》とよばれる石で夫、第二句は出、大刀頭は鐶で還、破鏡は半月、「夫が家を出ていつ還るのだろう。それは半月の後」である。六朝の宋の鮑照《ほうしょう》に謎詩三首あり、その一に「二形一体　四支八頭　四八一八　飛泉仰流」というのは井である。四八は三十二、一八を加えて四十、井形に十を四つ含む。わが国の『本朝文粋』にも「火尽仍為レ燼　山高自作レ嵩」のような、字訓詩という形式のものがある。江戸末期の本居内遠《うちとお》に『後奈良院何曾《なぞ》之解』という国語の謎解き書があるが、そのなかに「鷹《たか》心ありて鳥をとる。＝應」のような字謎がある。江戸期の随筆類には、この種のものが多くみられる。

## 94 あて字

音訳の字はすべてあて字である。しかしそのあて字が、またそれぞれ何らかの意味をもつことも、ないわけではない。

イギリスはかつて「英吉利」とかいたが、はじめは「暎咭唎」と口をそえたものである。乾隆五十八（一七九三）年、英国の正使としてマカトニー卿が清朝に朝賀に赴いたとき、典礼問題が紛糾し、三跪九叩の礼を行なうことでようやく謁見を許されたが、そのときの上諭中にしるされているのがこの「暎咭唎」であり、マカトニーも「馬戛爾尼」の四字にみな口をつけている。中国の伝統的観念によれば、四夷は中華に対してみな狄・蛮のように獣畜をもってよぶ例であるから、「英吉利」にも狗の略符として口をつけたのであった。あて字を使うにも、中華的伝統と原則に厳重に従うべしとするのが、皇帝の考えであった。

中国の字書『辞海』の附録に訳名西文約一万三千語を録しており、固有名詞はみな音訳である。ゲーテを歌徳、カントを康徳というのは、いかにもそれらしいあて字である。索引を引得《インデックス》とするのは音義ともにえたものである。新しい語ではビタミンは維他命、モデルは模特児、しかしニュートンを牛頓というのは、この秀才に似ず、カレーライスを加利飯というのは、どうも毒物のようでいただきかねる。

わが国のことばの華訳では、南宋の羅大経の『鶴林玉露《かくりんぎよくろ》』の一本にあるという窟《ク》底《チ》（口）・沙嬉《サケ》（酒）など、いくらか感じが出ている。明の嘉靖三十五（一五五六）年、わが国に使して大友宗麟のもとに滞在した鄭舜功《ていしゆんこう》の『日本一鑑』の巻五『寄語《きご》』に、音訳の国語四千三百を収めるが、その多失《トシ》（年）・亦急《イキ》（息）・耀邁《ヤマ》（山）などは、理窟をつけられぬこともない。十六世紀末の『日本風土記』にあげる紅面的倒《おめでとう》・千首万《千秋万》世《歳》などをみると、そのころから日本人は正月に酔い倒れていたらしい。陳天騏の『東語入門』（光緒二十一〔一八九五〕年刊）に東京を「託開」としるしているが、トウケイという音に近い。そうよんでいたのである。賭博を「抜苦気《バクチ》」とかくが、苦気を抜き脱しうるかどうか、あやしいものである。

わが国の遊戯文字は初期洒落本《しやれ》に多く、書名の『北郭鶏卵方』は「傾城《けいせい》の誠と四角い卵はない」の意である。義訓に戯訓を用いることも洒落本から流行したもので、「敢問娘子尊名《おいらんのなはなんといいやす》」「辱賜捐書《おんふみくだされかたじけなくそろ》」の類がある。「有理《げにも》」「似而非《えせ》」などは国語をあてたものであるが、このような俗語訓は、読本《よみほん》の作者も好んで用いた。馬琴の『南総里見八犬伝』には、什麼《そも》・剛才《わずか》・四零八落《ばらばら》、白物《しれもの》などの中国語が氾濫している。馬琴は、これは中国小説を読む人への手引きのつもりであるというが、衒学に近い。

江戸戯作の字遊びは、寺門静軒の『江戸繁昌記』、また下って成島柳北の『柳橋新誌』に著しい。『繁昌記』の「候《ヲ》レ君《マヘ》候《マチ》レ君《マチ》在《カ》二蚊帳外《ヤノソト》一」のように、いかめしい漢語にことさらに俗訓をつけることは、江戸狂詩文と同じく一種の反抗精神の表現とみられ、静軒は武門追放となった。『柳橋新誌』も新政府罵倒の書で、開化の一書生が妓楼で英語をひけらかす話などもある。妓女が名前を英語で教えろというので、阿竹《おたけ》は蛮蒲《ばんぶ》、阿梅は吱啉《ぶるむ》、阿鳥は弗得《びるど》とすらすら答えるが、美佐吉《みさきち》・阿茶羅《あちゃら》に至って慚汗して去る。旧幕臣としていま「天地間の無用人」と称する柳北は、妓楼で狼藉する武弁者を罵って、女中に「真に是れ被髪夷人《ざんぎりとうじん》、攘《べ》ふべし攘《べ》ふべし」といわせている。その戯文のうちに、屈折した抗世の精神がかくされているのである。

## 95　翻訳について

翻訳ということは、影を写すようなものであるかもしれない。わが国の文学が中国語に写されたとき、どういう形になるかをみると、そのことが改めて思い知らされるのである。

『徒然草』の書きはじめの文、

つれづれなるままに日ぐらし硯にむかひて心にうつりゆくよしなしごとをそこはかとなくかきつくればあやしうこそものぐるほしけれ

を、郁達夫は次のように訳している。

信無聊的自然、弄筆硯以終永日、将印上心来自的無聊瑣事、渾渾沌沌、写将下来、希奇古怪、倒著実也有黙児瘋狂的別趣

訳としては無難なものなのであろうが、「硯にむかひて」が「弄筆硯」、「よしなしごと」が「無聊瑣事」となり、「あやしうこそ」以下が「希奇古怪」以下の文になるのは、やはりいかにもことごとしい感じである。これが歌や俳句になると、語の表現方向の

相違はどうにもしがたいものとなる。

明の李玄恭・郝杰同《かくけつどう》の『日本考』に、『古今集』の、

月邪阿頼奴《つきやあらぬ》　春耶木革失那《はるやむかしの》　発而乃頼奴《はるならぬ》　我身許子外《わがみばかりは》　木多身尼失而《もとのみにして》

を「月非昔月　春非昔春　我身不比故旧　故旧不是我身」とするが、「や……ぬ」の詠歎を写すことはできない。歌の表記に春・身・許など、和訓の字を用いていることも注意される。またかつて早稲田大学に学び、日本文学の紹介者として知られる謝六《しゃりく》逸《いつ》訳の、

月呀　儞不是昔日的月　但儞与従前無異
春呀　儞不是昔日的春　但儞与従前無異
只有我一人雖是昔日我　但已不是昔日的景況了

というのは、散文に近い。

華訳の困難さは、短詩形になるほど一層はなはだしくなる。芭蕉の「古池や　蛙飛びこむ　水の音」も、

古池呀，——青蛙跳入水裏的声音　　周作人
蒼寂古池呀，小蛙児驀然跳入，池水的声音　　成仿吾

青蛙　躍進古池　水的音　鄭振鐸
幽寂的古池呀　青蛙蓦然躍入　水的音　謝六逸

など、それぞれ名家の訳するところであるが、蓦然・躍進・跳入ではこの句のもつ風姿を伝えることはできない。この小さな生命の描き出す波紋は、このような表現の方向とは逆なものである。

謝六逸には、『万葉』の短歌十五首、長歌四首の華訳があり、『万葉』を好んだ人のようである。

小竹《ささ》の葉は　みやまもさやにさやげども我は妹《いも》思ふ　別れ来ぬれば
（二・一三三・人麻呂）

別妻後来到山道
嵐吹竹葉沙沙作響
雖是騒然
怎能擾我思妻的心呢

ぬば玉の　夜のふけゆけば　夜漸深了
久木生ふる　清き河原に　長着楸的清寂的河原
千鳥しばなく（六・九二五・赤人）　千鳥頻的叫喚

人麻呂歌では、原歌のサ行音を生かす苦心が払われているようであるが、末句の「別れ来ぬれば」を第一句に移しては余韻を失う。赤人歌の「千鳥しばなく」も「叫喚」という語感ではない。漢字を共有する彼我の間においても、華訳は容易でないことを知りうるのである。

## 96 訓読訳

漢詩文の訓読を一つの翻訳であると主張すると、おそらく嘲笑的な反撃を受けるであろう。翻訳というものは、訳者によってすべて異なるべきものである。ドストエフスキーのものはだれの訳でよむとか、上田敏の訳詩は原作よりすぐれているとか、ともかく訳は個性的なものでなくてはならない。だれがよんでも同じという公約数のような翻訳はあるべきでないと、主張されることは必定である。だれがよんでも「国破れて山河在り」では、わざわざ碩学をわずらわすに及ばぬということである。しかしまた、最もすぐれた翻訳は、おそらく一つでなければならぬ。いくつもの訳がありうるのは、どれも完全でないということである。しかるに、だれがよんでも同じであるというのが、漢文の訓読訳である。思うに、これはやはり最もすぐれた訳でなければならぬ。ただそのよみから何を感じとるか、それはその作品の理解の問題に移る。

わが国の文学についても、鷗外や漱石のよみかたは、よむ人の年齢や状況などによって異なる。作品も読者も時とともに動く。逍遥の沙翁訳をよむ人は、いまはもうないであろう。平田禿木の訳した小説なども、容易にみかけぬようになった。みな時とともに動くのである。

しかし訓読法が対象とする中国の古典は、ギリシャ・ラテンのように動くことのない世界であり、訓読の文も動くことのない文体をもつ。その訓読法でよむかぎり、『史記』でも杜甫や李白でも、だれがよんでも同じである。すなわちそれらは訓読法によって国語領域化されているのであり、わが国の古典をよむのと特に異なるところはない。おそらく外国の文献や作品が、このように安定した形式で、すなわち作品と訳文との固定的な関係において理解されることは、おそらく他に例をみないことであろう。この方法によってわれわれの先人たちは、中国の古典を完全に国語領域に移し、自己所有することができたのである。

訓読をかりに文学的再生の方法として認めないとしても、訓読法以上に国語的な移植と再生を成就しえたものが、かつてあったであろうか。翻訳が試みられることがきわめて稀であったということも、その間の消息を示している。漢詩の訳においては、佐藤春夫に及ぶものをみない。しかしその『古調自愛集』『車塵集』『玉笛譜』のゆたかな抒情は、原詩のものであるというよりも、むしろ原詩に触発された春夫自身のものであるように思われる。

莫悲金谷園中月　月を勿《な》泣きそ不忍《しのばず》に
莫歎天津橋上春　春な歎きそ言問《こととひ》に
若学多情尋往事　あはれを知らば思ひ出の
人間何処不傷神　何処《いづく》とわかつ涙かは

白居易の『洛中春感』。訳詩は原詩と別に一詩趣をなしているが、原詩を訓読のままによむ興趣もまた没することはできない。おそらく『懐風藻』の詩人たち以来、中国の詩はそのよみかたで鑑賞され、また詩作も行なわれてきたのであろう。漢字に対する感覚を支えてきたものは、実にこのような訓読による文雅の伝統であった。

## 97　漢字教育法

漢字は機械的に教えられるものではない。覚えるものであり、悟るものである。ことばは文章のなかに、作品のなかにある。悟るとは、そのいぶきのままでその語をとらえることである。愛読する作品のある部分を暗誦するようにしてよんだ記憶をもつ人は多いであろう。その文において、そのことばと文字とは、もはや動かしがたいものである。文字だけをきりはなして教えようとするのは、暗号を覚えさせるのと同じで、はじめから無理な話である。

もし文字を教える必要があるとすれば、それは文字構造のもつ体系性を理解させるということであろう。𠙵は神へのいのり、𠂤は軍事、阜は神梯というような基本義にもとづいて、字形構造を系列的に説くことができれば、文字についての正確な知識がえられよう。知識としてもつことによって、記憶は確かなものとなる。暗誦するほどのよみかたもせず、字形の系列的理解をも与えずに記憶せよというのは、いう方が無理である。

漢字教育法はいまちまたに氾濫しているが、教育法で問題を解決しうるとする考え方は、基本的に誤りである。いわゆる教育法には、便宜的なものが多い。

親（立ち木のよこで見まもる親）　放（木の枝で向うの方へ追放う）　原（がけ下の泉が原っぱに流れる）　配（酒つぼがわれないか心配）　字（家で子どもが字をかく）　安（家のなかの女は安全）　切（刀で七つに切る）　和（禾〔米〕をたべられる平和な時代）

知（知ったことを矢つぎはやにいう）

これはある教育委員会で、学業不振児のために考案された教え方であるが、配は坐った人の前に酒を配る、切は骨を切る、原は源のもとの字、他もみな便宜の説法にすぎない。しかし便宜の説法ならば、なるべくその字形解釈にふれない形式的なものが、文字への誤った先入観を与えなくてよいのではないかと思う。たとえば業は「タテタテチョンチョン、ヨコチョンチョン、ヨコヨコヨコタテ、チョーンチョン」である。分解的方法では朝を「十月十日」のように覚える。いわゆる離合である。

漢字を覚える工夫は、古くから試みられていて、江戸期には「歌字尽《うたじづくし》」のようなものが行なわれていた。

春つばき夏はえのきに秋ひさぎ冬はひいらぎ同じくはきり

椿・榎・楸・柊・桐であるが、いまは鳥獣草木の名はすべて漢字を用いない原則である。姓として多くの人が用いている字をも削って、数を減らしたつもりなのであろう。このような点数主義が、国字政策をゆがめているのである。

歌で覚えるという方法は、新しく試みられることも多く、国語の科学会編の『文字記憶の歌』（一九三六年、東苑書房刊）には新古のものを集めているという。「毛は尾にて九は尻《しり》なれば水尿《いばり》死ねば屍《かばね》ぞ比《くら》ぶるは屁《へ》ぞ」などユーモラスなところがあり、「正しきは政《まつりごと》なり古き故救《すくひ》求めて己《おのれ》改む」などもまず覚えやすい方である。

正しい字説を児童に理解させることは困難なことである。しかし字を覚えさせるために、誤りを教えてもよいという道理はない。もっとも、正しい字形教育を阻害しているのは、実はほかならぬあの新字表なのである。

## 98　新字表

いわゆる新字には、旧字のどこを改めたのか、よほど細心の注意をはらわないと区別しがたいものが多い。改めた理由は、形の統一ということであるらしい。すなわち装飾字体という考え方で、正字という観念ではない。

舎・害の旧字は舍・害である。中央の直線が口に達するか否かの相違であるが、おそらく吉と同じ形にするために、口に達する部分を切ったのであろう。すでに述べたように、舍・害の上部は把手の形で下部は長針、𠙵を刺してその呪能を舍《す》てさせ害するものである。吉は𠙵の上に鉞頭《えつとう》の器をおいて守る形であるから、舍・害とは字の立意が反対である。これでは字形を説くことができない。

害の針を切ったために契（契）も、従って喫も潔もみな字形を改めることになった。全く無用のことであり、無害どころではない。これも新字の数を加えようとする点数主義の結果なのであろうか。

もし舍を舎に改めるならば、舍と同じ形体素をもつ余をなぜそのままにしたのであろう。徐・除・斜・途・叙はみな舍と同系列の字である。害を害と改めることによって契系列の字形を改めたが、舍を舎に改めても余系列の字はそのままである。系列は二分され、支離滅裂となる。

突・器・類はもと犬に従う字であるが、その点《丶》を外している。しかし犬・求・術には点が残されている。その点の部分はもと耳を垂れた形で、獣の死を示す。突以下の三字も犬を犠牲とすることを示す字である。これほど細微にわたる字形の変改を試みながら、どうして字形解釈の基本において疎略なのであろう。馬を鹿とよばせたあの愚民政策を思い出させる。

包（包）は胞（胞）、腹に子を妊《はら》んでいる形である。本来巳の形であるが、音訓表には祭祀の祀もなく、この形だけが孤形となるので己にしたのであろう。音訓表中になければ字にあらずとするのは、独善主義といわれてもしかたがない。

用筆上に基準字形を定めるのは、いわゆる正字として、唐以後に熱心に試みられたことである。わが国の字書にも、正俗を分つ例は多いが、それは筆画の範囲にとどめるべきである。勉（勉）便（便）柄（柄）鉛（鉛）負（負）冒（冒）など、また恐（恐）虞（虞）鐘（鐘）顔（顔）効（効）貨（貨）など、わざわざ改訂字とする必要があるとは思われない。文字としては、本来活字体の正書などあるべきではない。活字は一種の装飾字にすぎないものである。

最近、女や幸の正書体がまた問題とされているが、ほとんど問題にならぬことである。女の上から斜に引く線は、いずれも両手を垂れる形であるから、上からかくべきである。幸はもとカセ、執・報はカセを加えた虜囚、拘囚の獄を圉《ぎょ》という。正字としては、楷書の筆意をとるのがよい。しかしこれらのことはすでにはなはだしく末節のことで、「形による語」である漢字の、その正しい形を尊重するという原則を確立することが、まず必要である。

## 99 文字信号系

ソシュール理論からはじまって、言語学の領域的な拡大は、戦前においてすでにその傾向を示していたが、戦後の安定期を迎えると、言語学時代の到来を思わせるような盛況を現出した。言語学はたちまち哲学・心理学・社会学などを包括する記号学的一大体系となり、おびただしい著作を生み、そしてまたいまや、壮大な自己崩壊をとげようとしている。しかしその間に、伝達体としての記号である文字論に十分な記号学的位置が与えられることは、ほとんどなかった。文字は言語の伝達過程において、意味喚起の記号として用いられるものにすぎず、それ自身の表現体系をもつものとはされなかったからである。たしかに表音文字においては、それはことばの音声を写すだけにとどまるものである。本来聴覚から聴覚へという伝達過程にあることばの、その媒体としてあるものにすぎない。山が山という概念を表出すると考えるのは、言語主体をはなれて意味をもつ文字なるものが存在するという、観念論的な誤りであるとされる。

ことばは感性的脈絡をもつサブ言語と、論理的形式をになうメタ言語とに分けられるが、日常的な生活語としてよりも、むしろ文字化された言語としての性格が著しい漢字系のことばは、よりすぐれてメタ言語的であるといえよう。漢字は記号というよりも、むしろ意味であり象徴である。それはそれ自身の意味をもち、体系をもつ。もしそのような意味的機能がなければ、三千年にわたる通時性と、漢字文化圏とよばれる広大な文化空間をもつことは、不可能であったはずである。

心理学的な調査の結果として、同じ失語症においても、カナの失読と漢字の失読との間に存する大きな差違についての報告がある。すなわちカナでは意味喚起が不可能なときでも、漢字の場合はそれが可能であるという。それは一般に前者が聴覚記号、後者が視覚記号であることによるとされているが、カナも文字である以上、その意味喚起性において漢字と異なるところがあるとしても、視覚記号であることはいうまでもない。それで両者の相違は、その情報を処理する脳機能の回路の問題、すなわち視覚情報によって直接的に語に連なるのか、あるいは発語器官の運動情報への変換を手続き的に必要とするかどうかということにあるようである。その回路障害のときには、漢字の模写能力の回復がおくれるということである。

もし漢字がこのように語に直接する特有の回路をもつものであるとすれば、いま残されているただ一つの表意文字であり、表語文字である漢字の性格は、他の表音文字とは異なる信号系的問題を含むものであるといわなければならない。そしてそのことからまた、漢字の文字としての機能に、新しい展望が生まれてくる可能性も期待されよう。用向きの終わった厄介者でも扱うように、漢字に何かと制約を加えようとするのは、まことに文化的展望を欠く短見者のそしりを免れぬであろう。

## 100　漢字の将来

当用漢字表が内閣告示として出されてから、すでに三十年（初版刊行時）になる。国字政策の基本をなす漢字の問題についても、いちおうの反省期にきているといえよう。いま漢字表が忠実に守られているのは、おそらく検定教科書と報道機関の範囲とみてよい。綜合誌や学術・教養書のなかではほとんど無視されているのが実状である。私の学生たちにも、私は古典を原表記のままで教える。そして学術の世界に全く通用しない当用漢字表の意味を、改めて考えるのである。結局学生たちは、十分な吸収力のある時期を、目隠しされて通ってきているのである。新しい断層と分裂が、ここに生まれる。

漢字は覚えにくいという。しかし形のあるものは覚えやすく、力士の醜名《しこな》をみなよみとる四歳の幼児が、先日もテレビに出ていた。そして「貴乃花」という字を、棟方志功のような順序不同の闊達さで書いてみせた。字形と映像とがうまく結合しているのであろう。字形学的方法が確立されると、それはもっと合理的にできるはずである。いったん記憶された字形は、また容易に忘れがたいものとなる。それは失語症患者の漢字に対する意味喚起力からも実証されている。千分の一秒で把握されるという瞬間的認識、一秒に七字理解しうるという直覚的な把握も、その字形のもつ特徴である。

文字はことばとしてよまれる。友人・friend・ともだちはみなことばである。友人の活字の横半分が欠けていても、また friend の r が送別会などの案内状に抜けて「fiend—鬼」となっていても、たいていの人は気にもせずに友人の意味によんでしまう。

ことばとしてとらえるからである。しかし「ともち」「とだち」を気にせずにともだちとよむことはできない。カナ書きには単語性がないからである。漢字は語を形体で、印欧語は語を形態で示すが、カナ書きの語は形態ではない。単語的固定性をもたないのである。漢字を加えないかぎり、国語は『源氏物語』の古写本のような表記になるほかない。カナは本来、漢字訓読の補助的なものであったからである。

漢字を借りもののように思うことが、根本の誤りである。古代オリエントに発する文字を、いまアルファベットとして用いるものが、それを借りものとは考えないように、漢字を音訓の方法で用いるのは、決して借りものの用法ではない。漢字は音訓の用法において国字である。それは漢字をわが国で用いはじめた当初からのことであった。それで音訓の用法の自由化ということが、国字政策としても要求されるのである。常用字数の問題などは、必要の有無によって増減することであり、意味成体としての文字みずからが、自然に定めることである。

歪められた字形をもう一度回復することは、まず不可能なことであろう。それは敗戦後の昭和の時代の、記念的な遺産となるかもしれない。しかし漢字は、その表現のゆたかな可塑性のゆえに、情報時代のなかで、おそらくいっそう重要な機能を負うものとなるであろう。記号的文字として、これにかわる高い機能をもちうるものはないように思われるからである。

# あとがき

国字政策についての内閣告示が出されてから、（この書の刊行時までに）すでに三十年になる。今では多数の刊行物がその告示に従っており、国字問題はいちおう安定した成果をみせているようである。いずれは固有名詞なども、すべて規格化されてゆくことであろう。配達区の便宜によって古来の地名が無雑作に改変されてゆくように、情報の機械化のために、文字も、したがってことばも改められる。選択の自由があって、そのなかですべての領域の活動がなされるのではない。選択の余地のない、最低限度のものが強制されているのである。おそらくことばの生活、文字の使用が行なわれて以来、はじめての変則的な事態であろう。しかもそれを変則と意識しないところに、現代の問題がある。

中国でも革命以来、大胆な文字の簡体化が推進された。やがては常用文字のほとんどが、文字の本来の形義を失った、単なる記号と化するであろう。そして日中同文の誼を重んずる人たちは、やがてわが国の文字改革の不徹底を論じて、これに追随することを主張するかもしれない。

しかし同じく漢字国といっても、わが国と中国とでは、事情は大いに異なるのである。中国には「カナ」も「かな」もなく、年齢や知能に応じた段階的学習の方法がない。おかあさんは「媽媽」であり、シーソーは「翹翹板」とか「蹺蹺板」とかいう。中国における簡体字への要求は、切実を極めているのである。しかし常用の漢字をすべて簡体化しても、カナのような表音文字にはならない。形と意味とを失った無器用な符号が、累積するだけである。

この両者に共通する基本的な考えかたは、漢字に字形的意味を認めないということである。それでわが国では多くの新字を作り、どの部分をどう改めたのか容易に判別しがたい整形美容的変改を行なった。これに反して中国が、表音化の原則を貫こうとしているのは、表音化への強い要求を示すものとして、それなりの意味をもっていよう。しかし単音節語という中国語の性質からいえば、それに最も適した漢字を何らかの方法で保存し活用するか、あるいはベトナムのように全面放棄するか、そのいずれかである。ただベトナムとちがって、他に例をみない多くの文化遺産を擁する中国としては、漢字の放棄は文化遺産そのものを廃絶することを意味していよう。もしそれを意図しているというならば、話はまた別である。

私の漢字研究は、古代文化探求の一方法として試みてきたものであり、無文字時代の文化の集積体として、漢字の意味体系を考えるということであった。『漢字』や『漢字の世界』は、すべてその立場から一般書としてまとめたものである。政策問題に立ち入るつもりはないが、しかし漢字がこれほどのいたましい運命に直面しているときに、問題の扱いかたについて、ごく原則的な二、三のことにふれておきたいと思う。

漢字の伝統は、中国においては字形を正すという正字の学として、わが国においてはその訓義を通じて、漢字を国語化するという国語史の問題として存した。中国が正字を捨て、わが国で字の訓義的使用を多く廃するのは、それぞれの伝統の否定に連なることである。また両者の文字改革の志向が、いずれも漢字の意味体系性の否定から出発していることに、やはり大きな問題がある。事実はその否定というよりも、むしろ漢字の字形学的知識の不足が、これをもたらしたといえよう。字の構造的な意味が理解されれば、そこから簡体字・新字を作るとしても、おのずからその方法があるであろうし、また学習も容易となる。ともかくも、正しい字形の解釈学があってのことである。孔子のいう、「先づ名を正さんか」である。

私はこの書の大部分を、漢字の構造原理の解説にあてた。漢字は意符としての形体素と、声符としての音素との、整然たる体系をもっている。文字の使用に、つねに語源的・字源的知識を必要とするわけではないが、ことばやその表記が何の意味体系をももたぬということはなく、それがなくては、文字は全くの符号となる。改革を加えるとしても、その体系のなかにおいてなすべきである。

漢字は訓よみによって国語化され、その意味が把握され、語彙化される。音訓表においては、「おもう」「うたう」「かなしい」などの動詞・形容詞は、思・歌・悲のそれぞれ一字だけに限定されているが、国語のもつニュアンスはもっと多様である。字音としては懐・念・想・憶などの字もあるが、そのように「おもう」ことはできず、また唱・謡の字もあげられているが、音訓表では「唱う」ことも「謡う」こともできないのである。

漢字は意味をもつ文字であるが、訓をもたない文字は記号化して、新しい造語力を失うおそれがある。音訓表には、「あやまる（誤）」はあるが、「あやまち（過）」はない。人に過のないものはないから、それは過失というべきであろう。この過は、近年に至ってようやく訂正された。

いまの年輩の人たちは、総ルビつきの赤本などで、少年のときから多くの文字を自然に学びえたことを、懐かしく思い出すであろう。いまは、旺盛な吸収力をもつ若者たちが、とざされた言語生活のなかで、知ることを拒否されている。かれらは多くの語彙、ゆたかな表現のなかに、情感の高められる緊張の快さを知らない。もしいまの少年たちに書物ばなれの傾向があるとすれば、その一端は、この抑圧された文字環境にあるのではないかをおそれる。明治・大正期の詩人たちは、ことばの意味や音感はもとより、その用字の視覚的な印象、活字の大きさ、紙面での字の排列にまで心を配ったものである。文学や思想は、生活語のように言語過程としてあるものではない。字の形体は表現に関与し、またその美学をささえてきたものである。

漢字は久しく文字論からも外され、敬遠あるいは無視されていたように思う。しかし文字としての漢字は、通時的表記として古今にわたる大量の文献をもち、独自のすぐれた条件をそなえている。特にそれを音訓両様に用いるわが国においては、国語の欠失面を補うもっとも好ましい文字であろう。

この小さな書物では、漢字の文字論的問題にもなるべくふれることを試みたが、詳しく述べる余裕はなかった。ただ漢字の問題に関心をもたれる方々に、いくらか問題への視点を提供することができればと思うのである。

昭和五十三年四月

白川　静

# 文庫版あとがき

わが国では敗戦以来、漢字の使用が著しく制限され、字形にも省略・変改が加えられた。韓国では漢字を廃止したが、そのことばの多くは、もと漢語である。中国でも革命以来、大量の略字化を行なった。しかしそのために、何れの国でも、古典との世界が断絶し、未文字社会に後退したような状態となっている。そしてそのことへの反省が、ようやく自覚されてきているように思う。漢字は本来、形象を主とするもので、ことばとしての機能も、形の媒介がなくては十分としがたいものであることが、ようやく気づかれてきたようである。そしてまた、漢字の本来のすがたを回復することが、東洋の文化の連帯を支えるものであることも、やがて理解されるであろうと思う。

この漢字文化圏が、本来の漢字文化のあり方を失って、すでに半世紀を超えている。相互の文化の交流は、いまいわゆる電脳時代を迎えて、一そう頻繁となり、緊密を加えるであろう。従来の文字に対する意識を改めることが、是非とも必要であり、しかもことは迅速であることを要する。この書は小冊であるが、多くの項目を設けて、必要な問題の所在には、なるべくふれておいた。このたび改めて中公文庫に収められるにあたって、一言私の意のあるところをしるす次第である。

平成十四年八月

白川　静

# 参考文献

## 言語学

『コトバの哲学』　山元一郎　岩波書店　一九六五年
『ことば』　ギュスドルフ　笹谷・入江訳　みすず書房　一九六九年
『言語と世界』　田島節夫　勁草書房　一九七三年
『言語学と哲学』　ジルソン　河野六郎訳　岩波書店　一九七四年
『野生の思考』　レヴィ＝ストロース　大橋保夫訳　みすず書房　一九七六年
『言語学と記号学』　三浦つとむ　勁草書房　一九七七年

## 日本語

『国語学原論』　時枝誠記　岩波書店　一九四一年
『日本語の歴史』全七巻別巻一　平凡社　一九六四年

『講座国語史』全六巻　大修館書店　一九七一年
『日本語』岩波講座全十二巻別巻一　岩波書店　一九七六年
『漢文の訓読によりて伝へられたる語法』山田孝雄　宝文館　一九三五年
『ことばと文章の心理学』波多野完治　新潮文庫　一九五八年
『日本の外来語』矢崎源九郎　岩波新書　一九六四・三
『国語のイデオロギー』渡部昇一　中公叢書　中央公論社　一九七七年

## 文字

『文字の文化史』藤枝晃　岩波書店　一九七一年
『文字』上田正昭編　社会思想社　一九七五年
『無文字社会の歴史』川田順造　岩波書店　一九七六年
『形象と文明』篠田浩一郎　白水社　一九七七年

## 漢字

『説文解字詁林』丁福保編

『支那言語学概論』　カールグレン　岩村・魚返訳編　文求堂　一九三七年
『中国言語組織論』　呉主恵　生活社　一九四一年
『漢字の運命』　倉石武四郎　岩波書店　一九五二年
『漢語史論文集』　王力　科学出版社　一九五八年
『甲骨金文学論叢』全十集　白川静　油印本　一九六〇年　のち影印本　一九七四年
『漢字語源辞典』　藤堂明保　学燈社　一九六五年
『漢字の起源』　加藤常賢　角川書店　一九七〇年
『甲骨文集　金文集』全五冊　白川静　二玄社　一九六三年
『説文新義』全十五巻別巻一　白川静　五典書院　一九六九年
『漢字』　白川静　岩波新書　一九七〇年
『漢字の世界』　白川静　東洋文庫　平凡社　一九七六年
『漢字と図形』　渡辺茂　ＮＨＫブックス　日本放送出版協会　一九七六年

## 日本漢文学史

『日本漢字学史』　岡井慎吾　明治書院　一九三五年
『日本漢文学史』　岡田正之　山岸徳平補　吉川弘文館　一九五四年
『日本漢文学史論考』　山岸徳平編　岩波書店　一九七四年

**比較文学**

『江戸文学と支那文学』　麻生磯次　三省堂　一九四六年
『西域の虎』　川口久雄　吉川弘文館　一九七四年

**国語政策**

『私の国語教室』　福田恆存　新潮文庫　一九六一年

**雑　誌**

『言語生活』　筑摩書房
『言語』　大修館書店

# 図版解説

**図1　彩陶土器　人面魚身像**

西安半坡の出土。半坡の彩陶土器は一九五四年の秋その遺址が発見され、この文化の最も古い時期の遺品が出土した。いまその遺址は復原保存されている。画文はおそらく文献に魚婦あるいは偏枯とよばれるもので、夏王朝の始祖とされる洪水神禹《う》の原像を示すものであろう。また魚は禹の父とされる鯀《こん》であろうと思われる。

**図2　白陶土器　斜格文**

殷の白陶土器の文様。梅原末治『殷虚白色土器の研究』第十四図。白陶土器には斜格文が多いが、この文様は頸部の饕餮《とうてつ》文の下に、器腹にわたってその身部を斜格文化したもので、身部や手足を斜格文をもって示す。単なる幾何文様化する過程に、このような有意的表現があったものとすれば、古代幾何文様の性格の一面を考えうる。西安半坡の彩陶土器の幾何文様も、魚文の展開とみられるところがある。

図3　青銅器模様　大鳳文

西周中期の盂段《もうき》。一九六一年、長安県張家坡出土器群の一。夔鳳文《きほうもん》とよばれる鳥文は殷器にもすでにみえるもので、鳥はおそらく祖霊と考えられたのであろう。西周中期、祖神を祀る聖地辟雍《へきよう》の儀礼が盛行する昭穆期の銅器文様に、この種の大鳳文が多く行なわれるが、それは辟雍の儀礼と関連するものであろう。大きな冠毛を垂れているのは、聖鳥のしるしである。

図4　寧郷の大鐃　祭祀の呪器

殷後期の大鐃。楽器である。一九五九年、湖南省寧郷県老糧倉杏村湾師古塞山頂から出土。『中国古青銅器選』（一九七六年）著録。すべて五個のうちこの大鐃は特に大型で、高さ七十センチ、口横四十六センチ、重さは六十七・七キロに達する。上向きのまま出土。湖南の辺境山頂で、おそらく異族に対する呪的な祭祀の呪器に用いたものであろう。口縁に象文、器体には雄渾な饕餮文をもってその全面を飾っている。

図5　四羊犠尊　祭祀の呪器

殷後期の四羊方形の犠尊。酒器である。大鐃の少し西方の山腹から出土したもので、『中国古青銅器選』（一九七六年）著録。やはり異族に対する呪的な祭祀に用いたものと思われる。高さ五十八・三センチ、重さ三十五・五キロに及び、造型すこぶる奇偉。頸部に蕉葉状夔文と獣面文、肩に四匹の蟠蛇を配する。四隅の四羊は腹背に鱗文、前足に華麗な夔《き》鳳《ほう》文《もん》を飾る。殷代青銅器の精華というべき遺品が、この辺境の山腹から出土したことが注意される。

図6　形図象　王族の身分

子は王子、それを翼戴する人の形は、おそらく殷の王族出自の身分を示す図象とみられ、いわば親王家に相当するものであろう。上部の両牀の形はあるいは声符で、將・壯の声符と同じと思われる。父辛は父の廟号。この図象をもつ器はその数が多く、かついずれも精品である。

図7　亞字形図象　聖職者

亞は陵墓の棺槨をおく玄室の形である。この標識は、その祭葬の儀礼に関する職掌を示すものと思われる。亞字形のなかにまた氏族の標識を加えているものが多

く、それらは各氏族のなかの聖職者の標識であろう。この系統の標識をもつものにも、精品が多い。おおむね殷器であり、西周期に下るものも、殷の遺民の器と考えられる。

図8　金文図象　橐

殷金文。父乙尊銘。器はいま台北中央博物院蔵。器体は三層よりなり、全器に饕餮を飾り、四方に稜をつけた雄偉の作。図象は東の初形。東は橐《たく》（ふくろ）の初文で、石を形声として加えた字である。父乙を祀る器であるが、乙父のようにしるす例はあまりない。

図9　甲骨文　苦方関係卜辞

第一期甲骨文。羅振玉の『殷虚書契前編』（巻七・第十七葉・第一片）。もと大版の残欠したもので、第一行に外敵が西方より来寇するであろうという王の占繇の辞、第二行に、王の占ったように、苦方がわが領邑に侵入してきたこと、また第三行に芃《かん》もまた王畿に近く𢦏（災）したことをしるしている。

図10　甲骨文　繇辞と験辞

第一期甲骨文。『殷虚書契前編』（巻七・第四十葉・第二片）。甲午の日に卜し、右から第三行目に「王、固《うらなひみ》て曰く」として、禍殃のあることをいい、それは外敵の「來鼓」（侵寇）であるとする。第四行第二字目から、三日丙申、允《まこと》に外敵の来寇があったことをしるしている。

**図11**　甲骨文　媚獣

第一期甲骨文。胡厚宣編『戦後京津新獲甲骨集』第一九一九片。「允《まこと》に……壱《たたり》ありき。媚（蠱ありき）」というような文であろう。媚は下部を女の形にかくが、このト片では長毛の獣形である。媚女が使役する呪霊を示す字であろう。

**図12**　龍を使うもの

漢代の画塼。民国羅振玉編の『古明器図録』巻二に録するもの。頭に著けている冠は、馬王堆第一号墓の黒地彩絵棺蓋板に画かれている、霊の昇天する世界の仙人の著けているものと同じである。『左伝』にいう豢龍氏の姿を描くものであろう。

**図13**　鹿頭刻辞　祭祀の犠牲

殷の第五期。安陽の発掘報告書である『小屯』甲編第三九四〇片に著録。殷王朝最後の王である帝辛（紂）が、東のかた夷方に遠征する途中、狩してえた大鹿をもってその祖父文武丁を祀ったことをしるす。この種の獣頭に刻辞したものが、数例残されている。

図14　邾公釛鐘銘　陸終の子孫

春秋期以後の青銅器銘文に、その神話的伝承を誇示するものが数例あらわれてくる。本器には陸終、斉の叔夷鐘には唐（湯、殷の始祖）、また田斉の陳侯敦《たい》には高祖黄帝と称している。陸終は神話的な古帝王の名で、そののち六姓に分れ、邾《ちゅ》国はその一つである曹姓の国である。邾公釛《たく》はおそらく邾の宣公であろうが、それならば春秋中期の器である。

図15　宗周鐘銘　皇上帝百神

西周中期の鐘銘。周鐘としては最も早い時期のもので、いま台北の故宮博物院に蔵する。銘文は正面鉦間四行、鼓部の左に八行、背面より鼓の右部に五行。図は鼓左の文。三行目から「これ皇上帝百神、余小子を保ち、朕が猷《はかりごと》成るありて競ふなし。我はこれ皇天王に嗣配し、対《こた》へて宗周の賽宝を作る」とあり、周の昭王によって国を保ちえた甫侯《ほこう》が、昭王を皇天王に配祀することをいう。神の字に示篇が加えられている。

図16　石鼓文　魚部の字

春秋初期、秦の襄公の田猟を記念する詩。鼓形の石に刻するので、石鼓文という。『詩経』と同じく四字句形式の詩である。魚の名が多くみえるが、祭祀に用いたのである。魚名はみな形声の字。字様は秦篆《しんてん》とよばれる小篆のもととなった大篆の体である。なお初行第二字に盜の字が含まれており、一四四頁にその字を解説した。

**図17　𣪘　盛食用の器**

𣪘《き》は文献にいう簋《き》にあたる。祖祭のとき、黍稷《しょしょく》の類を盛る食器。青銅器時代を通じて、最もひろく用いられたものである。この𣪘の上に蓋を加えた形が食、即・既・卿など、みなこの器と人の形からなる字である。図は周公𣪘、また熒𣪘・邢侯𣪘とよばれるもので、周初の周公の子が、天子より恩賞を受け、周公を祀るために作った器。器腹に華麗な象文を飾っている。大英博物館に蔵する。

**図18　徳鼎銘　賜の字形**

西周初期の器。徳の諸器は出土事情が知られず、戦後に上海博物館に収蔵されたものである。そのうち叔徳𣪘と徳鼎の銘第二字に、賜の字の原形がみえ、賜とは酒杯を賜うことを示す字形であることが知られた。金文に賜として用いる易は、その一部分の形であり、漢字の造形に、古くから簡略化への志向のあったことを示している。

**図19**　烏　古文於

『説文解字』巻四上。宋初の徐鉉の校定本。静嘉堂文庫所蔵の宋版による。烏の古文於は正篆の字とはなはだ異なるが、金文資料によってそのもとづくところが知られる。

**図20**　秦公𣪘銘　秦の篆文

秦公𣪘銘の前半。器はおそらく秦の哀公の三十二（前五〇五）年のころのものであろう。さきの石鼓文より約二百七、八十年のち、また始皇帝の刻石にさきだつこともまた二百七、八十年である。この系列のうちに、春秋戦国期の最も正統的な字形の展開をみることができる。𣪘銘の字は、字型を鋳型に加えたもので、同一の文字はすべて同形である。

**図21**　鳥篆

いわゆる鳥書。越器に多く見られる。筆画中に多く圏筆で極端に余飾を加えたもので、戈・矛・剣銘の字体に用いる。「子䀛之用戉」とあるが、「子䀛」はその人未詳。越の最末期のものと思われる。

図22　箕　古文三字

『説文解字』巻四下。徐鍇の校定本『説文繫伝通釈』のその部分である。徐鍇は徐鉉の弟で、篆字の名家としても知られた人である。

図23　史頌殷銘文　西周期の篆体

西周後期の金文。夷王期のころ、東方経営の根拠地として成周の重要性が高まってきた当時、史頌が命ぜられてその地の査察を行なったことをしるす。文字が縦横に整い線条化して、著しく篆体に近づいている。五行目第三字の彝は、もと鶏を羽交い締めにして血を取る形であるが、この字形には字の原意が失われている。

図24　三体石経　字体の典型

魏の正始年間に作られたもので、魏石経・正始石経ともいう。後漢の熹平年間に作られた熹平石経は漢隷の一体のみであるが、魏石経は篆文・古文をも加えた。古文の字形にはすでに疑わしいものが多いが、小篆は当時その名家とされた邯鄲《かんたん》淳《じゅん》の手法を伝えるものといわれ、のちの唐写本『説文』の字様と似たところがある。この時期には行・草の字体もすでに行なわれていたが、石経の三体が字体の典型と認められていたのであろう。

図25 『説文解字』 唐写本木部

『説文解字』の旧写本としては、唐写本とみられる口部の残紙二片と、木部の六紙百八十八字が残されているのみで、いずれもわが国にある。木部残紙は清の同治年間に莫友芝によって世に紹介されたもので、のち内藤湖南博士に帰し、いま某製薬会社に秘蔵する。説解の形式は今本と異なり、おそらくその旧式を存するものであろう。小篆の懸針体の字様が、ことにみごとである。

図26 『玉篇』 唐写本残巻品部

『玉篇』は六朝末の顧野王の編する字書で、その部立はほぼ『説文解字』により、多くの用義例を加えた本格的な字書である。字体は楷書の一体のみである。その原本は早く失われ、唐写の残巻がわが国にのみ伝えられた。空海の『篆隷万象名義』をはじめ、わが国の古字書に多く引用されている。『玉篇』系統の『唐韻』『広韻』などは、増益本というよりもむしろ節略本であることが、これらの残巻によって知られる。

図27 『五経文字』 正書の字

唐の張参の『五経文字』は、当時の官吏任用試験制度である科挙のために、字体を標準化する必要もあって作られたものである。唐初の顔師古の『字様』は伝えられないが、のち大暦年間に顔元孫が『干禄字書』を作って俗・通・正の三体を定めた。『五経文字』は標準字として正の一体を校定したもので、唐石経と並んで長安の太学に石刻として立てられたという。装飾字である活字体を標準字とするものとは、大いに異なる。

**図28**　第一期甲骨文　逐豕

『小屯』甲編第三三三九片。右は「辛酉（の日）卜して、韋（卜う人）貞《と》ふ。今夕、それ……せざるか」。左は「辛未（の日）卜して、亘《えん》（卜う人）貞ふ。往きて豕を逐ふに、獲んか」。豕は野生の猪のことであろう。第一期の甲骨文には雄偉の字体が多いが、右の一辞は刀法のあとをさながらにしのばせる渾厚の字迹をみせている。

**図29**　第四期甲骨文　燎と宜

郭沫若の『殷契粋編』第六八片。丁巳の日に卜して、庚申の日の祭祀に二羊を燎殺し、牛を宜《ころ》すことの吉凶を貞《と》うている。甲骨文の第三・四期の字様はかなり崩れた折釘流で、第一期の様式とはなはだ異なる。占卜に用いる神聖字にも、なお隆替があるのであろう。

**図30　殷金文　子媚**

子媚爵の銘文で、かなり図象的な字である。銘は爵の把手《とって》の下の器体に、左右の饕餮文にはさまれるなかに加えられている。子は殷の王子の称号。媚の地を領するものであろう。子媚の名は第一期武丁期の甲骨文にもみえる。媚は媚飾を加えた婦女の形である。図11の媚は、そのような巫女の用いる呪獣を示すものとみられる。

**図31　薬師仏造像記銘　わが国最古の金文**

法隆寺金銅薬師仏造像記。金文五行。最初の行に、

池辺大宮《いけのへのおほみやに》　治　天　下《あめのしたしらしめしし》　天　皇《すめらみこと》大御身《おほみみ》労《いたつき》　賜《たまへりし》　時《とき》

とあり、推古十五年丁卯（六〇七年）のものである。漢字をつらねた文であるが、治の字の位置や、労・賜の訓など、構文も用字法もすべて国語である。

『白川静著作集1　漢字Ⅰ』平凡社、一九九九年一二月刊
（初出は『漢字百話』中央公論社、一九七八年四月刊）

中公文庫


漢《かん》字《じ》百《ひゃく》話《わ》

2002年 9 月25日　初版発行
2021年 4 月 5 日　14刷発行



著　者　白《しら》川《かわ》　静《しずか》



発行者　松 田 陽 三

発行所　中央公論新社
〒100-8152　東京都千代田区大手町 1-7-1
電話　販売 03-5299-1730　編集 03-5299-1890
URL http://www.chuko.co.jp/

DTP　ハンズ・ミケ
印　刷　三晃印刷
製　本　小泉製本





Published by CHUOKORON-SHINSHA, INC.
Printed in Japan　ISBN978-4-12-204096-0 C1180

各書目の下段の数字はISBNコードです。978－4－12が省略してあります。

## 中公文庫既刊より

し-20-6
### 初期万葉論
白川　静
それまでの通説を一新した、碩学の独創的万葉論。人麻呂の挽歌を中心に古代日本人のものの見方、神への祈りが、鮮やかに立ち現れる。待望の文庫化。
204095-3

し-20-7
### 後期万葉論
白川　静
『初期万葉論』に続く、中国古代文学の碩学の独創的万葉論。人麻呂以降の万葉歌の諸相と精神の軌跡を描き、文学の動的な展開を浮かび上がらせる。
204129-5

し-20-9
### 孔子伝
白川　静
今も世界中で生き続ける「論語」を残した哲人、孔子。挫折と漂泊のその生涯を、史実と後世の恣意的粉飾とを峻別し、愛情あふれる筆致で描く。
204160-8

し-20-10
### 中国の神話
白川　静
従来ほとんど知られなかった中国の神話・伝説を、豊富な学識と資料で発掘し、その成立＝消失過程を体系的に論ずる。日本神話理解のためにも必読。
204159-2

し-20-11
### 中国の古代文学（一）神話から楚辞へ
白川　静
中国文学の原点である詩経と楚辞の成立、発想、表現を、記紀万葉と対比し、民俗学的に考察する。神話への挽歌である古代歌謡に〈詩〉の根源を探る。
204240-7

し-20-12
### 中国の古代文学（二）史記から陶淵明へ
白川　静
「歴史」を通じて運命への挑戦者を描く司馬遷、田園山水に孤絶の心を託す陶淵明・謝霊運らの文学活動を通して「創作詩」の成立過程をたどる。全二巻。
204241-4

お-25-2
### 老子
小川環樹　訳注
『老子』五千余言は古代自由思想の巨星である。訳者の優れた日本語訳は、われわれ現代人に壮大な想像力と魂の安らぎを与えずにはおかないであろう。
202814-2

か-3-2
**論語** 貝塚茂樹 訳注
新解釈を交えつつ、新注・古注に照らして懇切な解説を付した完訳版。情味豊かな訳文や解説から、人間・孔子が見えてくる。〈巻末エッセイ〉倉橋由美子
206848-3

い-35-18
**にほん語観察ノート** 井上ひさし
ふだんの言葉の中に隠れている日本語のひみつとは？「言葉の貯金がなにより楽しみ」という筆者のとっておき。持ち出し厳禁、言葉の見本帳。
204351-0

い-113-2
**書** 筆蝕の宇宙を読み解く 石川九楊
なぜ私たちは、書を美しいと感じるのか。東アジアの文化の根柢をなす芸術表現を、数々の名品を鑑賞しながら説き明かす、十二の講義。
206232-0

か-71-1
**漢文力** 加藤徹
心霊写真の幽霊はヌードのはず？「キティちゃん」の顔に口がないのはなぜ？ 漢文に刻まれた古人の思索を楽しく追体験しながら、明日を生き抜く力を育てる本。
204902-4

ち-3-11
**弥《び》縫《ほう》録《ろく》** 中国名言集 陳舜臣
「弥縫」にはじまり「有終の美」にいたる一〇四の身近な名言・名句の本来の意味を開示する。ことばと人間の叡知を知る楽しさがあふれる珠玉の文集。
201363-6

た-30-27
**陰翳礼讃** 谷崎潤一郎
日本の伝統美の本質を、かげや隈の内に見出す「陰翳礼讃」「厠のいろいろ」を始め、「恋愛及び色情」「客ぎらい」など随想六篇を収む。〈解説〉吉行淳之介
202413-7

た-30-28
**文章読本** 谷崎潤一郎
正しく文学作品を鑑賞し、美しい文章を書こうと願うすべての人の必読書。文章入門としてだけでなく文豪の豊かな経験談でもある。〈解説〉吉行淳之介
202535-6

み-9-11
**小説読本** 三島由紀夫
作家を志す人々のために「小説とは何か」を解き明かし、自ら実践する小説作法を披瀝する、三島由紀夫による小説指南の書。〈解説〉平野啓一郎
206302-0

各書目の下段の数字はISBNコードです。978－4－12が省略してあります。

み-9-12
古典文学読本
三島由紀夫
「日本文学小史」をはじめ、独自の美意識によって古今集や能、葉隠まで古典の魅力を綴った秀抜なエッセイを初集成。文庫オリジナル。〈解説〉富岡幸一郎
206323-5

み-9-15
文章読本　新装版
三島由紀夫
あらゆる様式の文章・技巧の面白さ美しさを、該博な知識と豊富な実例と実作の経験から詳細に解明した万人必読の書。人名・作品名索引付。〈解説〉野口武彦
206860-5

お-10-5
日本語はどこからきたのか　ことばと文明のつながりを考える
大野　晋
日本とは何かを問い続ける著者は日本語とタミル語との系統的関係を見出し、日本語と日本文明の発展の歴史を平易に解き明かす。〈解説〉丸谷才一
203537-9

お-10-6
日本語はいかにして成立したか
大野　晋
日本語はどこから来たのか？　神話から日本文化の重層的成立を明らかにし、文化の進展に伴う日本語の展開と漢字の輸入から仮名遣の確立までを説く。
204007-6

お-10-8
日本語で一番大事なもの
大野　晋
丸谷才一
国語学者と小説家の双璧が文学史上の名作を俎上に載せ、それぞれの専門から徹底的に語り尽くす知的興奮に満ちた対談集。〈解説〉大岡信／金田一秀穂
206334-1

お-10-3
光る源氏の物語（上）
大野　晋
丸谷才一
当代随一の国語学者と小説家が、全巻を縦横無尽に読み解き丁々発止と意見を闘わせた、斬新で画期的な『源氏論』。読者を難解な大古典から恋愛小説の世界へ。
202123-5

お-10-4
光る源氏の物語（下）
大野　晋
丸谷才一
『源氏』は何故に世界に誇りうる傑作たり得たのか。詳細な文体分析により紫式部の深い能力を論証する。『源氏』解釈の最高の指南書。〈解説〉瀬戸内寂聴
202133-4

ま-17-9
文章読本
丸谷才一
当代の最適任者が多彩な名文を実例に引きながら文章の本質を明かし、作文のコツを具体的に説く。最も正統的で実際的な文章読本。〈解説〉大野　晋
202466-3